droga pogody ducha

Jonathan Morris

droga pogody ducha

Przełożyła
Anna Wawrzyniak-Kędziorek

Dziękuję Ci, Franciszku, za nauczenie mnie na nowo, że Jezusowa droga jest prosta – to droga miłosierdzia, pokory, prawdy i służby.

Wprowadzenie

Był chłodny styczniowy dzień. Myślałem, że zapiąłem płaszcz pod szyję, ale najwyraźniej wystawała mi koloratka. Szedłem boczną uliczką na Dolnym Manhattanie, nieopodal Wall Street, kiedy podszedł do mnie mężczyzna koło trzydziestki. Bardzo zależało mu na tym, by uświadomić mi, że nie wierzy w Boga. Jim okazał się uprzejmy i szczery do granic możliwości. Czuł przymus, by porozmawiać ze mną o swojej niewierze – ale nie po to, abym go przekonywał. Chciał raczej dać mi znać, że stara się być dobrym człowiekiem, choć nie dostąpił łaski wiary w Boga.

Byłem pod wrażeniem otwartości Jima, a także emocji, z jakimi dzielił się ze mną prawdą o tym, że wielu niewierzących to bardzo, bardzo dobrzy i moralni ludzie. Podziękowałem mu za to, że czuł się na tyle swobodnie, by do mnie podejść, a także za starania o prowadzenie cnotliwego życia. Jak mu wyznałem, zainspirował mnie do zdwojenia wysiłków na rzecz osiągnięcia tego samego celu. Wreszcie powiedziałem, że jeśli nie ma nic przeciwko, pomodlę się za niego, a także – nieco rutynowo i naiwnie – spytałem, czy on uczyni to samo. Jim pokręcił głową, uśmiechnął się uprzejmie i odszedł. Po kilku krokach jednak zatrzymał się, odwrócił i wypowiedział słowa, których nigdy nie zapomnę:

– Nie wierzę za bardzo w modlitwę, ponieważ nie wiem, czy ktoś mnie słucha. Ale bardzo lubię *Modlitwę o pogodę ducha*.

Niezwykłe jest to, jak często słyszę podobne wyznania – w rozmaitej formie. Nawet ludzie, którzy nie czują się związani z *Modlitwą Pańską* (nie mówiąc już o *Pod Twoją obronę* czy *Zdrowaś Maryjo*!) ani żadną inną oficjalną modlitwą, jakimś sposobem znajdują ukojenie w *Modlitwie o pogodę ducha*. Wydaje się ona poruszać czułą strunę, przenikać granice poszczególnych doświadczeń religijnych, by dotknąć czegoś blisko związanego z łączącym nas wszystkich człowieczeństwem. Modlitwa ta, uwielbiana przez tak wielu, nie jest zwyczajna, banalna ani płytka. Wręcz przeciwnie! Zarówno gorliwy i zaangażowany chrześcijanin, jak i najbardziej sceptyczny poszukujący odnajdą w niej wielką głębię i wsparcie. Modlę się nią codziennie.

Przypisywano ją najróżniejszym autorom: od Świętego Tomasza z Akwinu po Cycerona, od Świętego Augustyna po Boecjusza, od Marka Aureliusza po Świętego Franciszka z Asyżu. Tak naprawdę jej pochodzenie jest jednak skromniejsze i wiąże się z bliższymi nam czasami. Spisał ją – a przynajmniej spopularyzował – Reinhold Niebuhr, dwudziestowieczny teolog protestancki ze Stanów Zjednoczonych. Przybiera ona różne formy, ale zawsze sprowadza się do trzech prostych próśb:

> Boże, użycz mi pogody ducha, abym godził się z tym, czego zmienić nie mogę, odwagi, abym zmieniał to, co zmienić mogę, i mądrości, abym odróżniał jedno od drugiego.

Kiedy wiele lat temu po raz pierwszy natknąłem się na tę modlitwę, przykuła moją uwagę, ale nie poświęciłem jej zbyt głębokiej refleksji. Wydała mi się nieco banalna; coś podobnego można by zobaczyć na plakacie motywacyjnym obok zdjęć biegaczy, pand, zachodów słońca, sportowców podnoszących ciężary czy wodospadów.

Musiałem wziąć udział w otwartym mitingu anonimowych alkoholików, by odkryć, że *Modlitwa o pogodę ducha* jest o wiele głębsza, niż byłem w stanie wcześniej przyznać. W swojej dumie i niedojrzałości pomyliłem prostotę z płytkością, uniwersalizm z banałem. W upalny sierpniowy dzień w znajdującym się w piwnicy szkolnym bufecie byłem świadkiem, jak zrozpaczeni mężczyźni i kobiety wypowiadają *Modlitwę o pogodę ducha* w taki sposób, że sam chciałbym tak potrafić. Siedząc na drewnianych krzesłach przeznaczonych dla o połowę niższych uczniów, zarówno chrześcijanie, jak i niewierzący recytowali z pamięci słowa, które uczynili własnymi. Była to modlitwa, ponieważ stanowiła otwarty, pozbawiony lęku i ważny dialog z Bogiem. Było to spokojne wołanie w ciemności ich własnej niedoskonałości do siły wyższej, której powierzali swoją wolę i swoje nadzieje. Był to najczystszy i najbardziej szczery akt wyrzeczenia się siebie na rzecz Bożej woli, jaki w życiu widziałem. Ich modlitwa nie okazała się szczególnie ładna; była prawdziwa, nieupiększona. Autentyczna, głęboka i całkowicie obojętna na cudze pochwały czy uwagi, stanowiła przeciwieństwo dewociarskiej „pokazówki". Była to rzeczywista modlitwa, jasna i prosta.

Gdy zacząłem kontemplować jej fragmenty, a także zgłębiać powody, dla których jest tak popularna, zdałem sobie sprawę z tego, że te proste słowa stały się częścią mojej codziennej duchowości.

Dlaczego? Po pierwsze, cechuje je nieodparta prostota. Dłuższe modlitwy również mogą być piękne i jest na nie miejsce. Mam na myśli modlitwy liturgiczne o długiej tradycji i znaczeniu teologicznym, zbliżające nas do tajemnicy Boga. Jest jednak coś ujmującego i szczególnie praktycznego w modlitwie, do której każdy z nas mógłby się uciec w odpowiedzi na wiele osobistych problemów. Modlitwa ta to ufny krzyk ducha, wołanie o pomoc.

Intuicyjnie wyczuwamy w niej spełnienie słów Jezusa o potrzebie bycia dzieckiem w życiu duchowym. Tak łatwo nam komplikować różne sprawy! Umysł zachodzi mgłą, modlitwy stają się przegadane, co sprawia, że męczymy się i zaprzestajemy ich w ogóle. Ale czyż to nie Jezus zachęcał uczniów do zwięzłości w modlitwie? Szczerze wątpię, by na Bogu robiły wrażenie piękny język czy doskonała składnia naszych mów, jeśli posługujemy się nimi tylko po to, by wyglądać na mądrych i pobożnych, czy też w nadziei, że dzięki doborowi słów w magiczny sposób uzyskamy to, czego chcemy. Modlitwa polega na obnażeniu się przed Tym, który widzi nagość naszej duszy w całej jej grzeszności oraz dobroci i odpowiada, pomagając nam ściągnąć klapki z oczu, by dostrzec siebie i innych Jego spojrzeniem.

Drugim czynnikiem, który sprawia, że *Modlitwę o pogodę ducha* okazuje się tak potężna, jest waga daru, o jaki błagamy w niej Boga: o pokój duszy czy pogodę ducha. Prosimy Pana, by zastąpił nasze napięcie pokojem serca. Stres potrafi zniszczyć życie, jeśli mu na to pozwolimy. Czujemy go w kościach, kiedy obejmuje nad nami panowanie. Zaczyna się to od małych trosk, które przechodzą w niepokój, a następnie w lęk. W *Modlitwie o pogodę ducha* prosimy Boga, by zanurzył każdą cząstkę naszego napięcia w swoim pokoju.

Czasami pokój na co dzień wydaje mi się stanem niemożliwym do osiągnięcia. Jak wiele innych osób, mam różne obowiązki (posługi), które wymagają uwagi. Z każdym kolejnym rokiem mam poczucie, jakby czara się przelewała. Konsekwencje porażek stają się coraz bardziej dotkliwe. Więcej pracy oznacza więcej odpowiedzialności, a więcej odpowiedzialności to więcej problemów. Gdy życie obfituje w zadania do wykonania, trudno mi określić codzienność jako wypełnioną pokojem. Jestem jednak przekonany: wszyscy raz po raz doświadczamy, przy właściwym nastawieniu i z pomocą łaski, że możliwa jest pogoda ducha nawet pośród burzy. To właśnie o pokój duszy zabiegamy w *Modlitwie o pogodę ducha*.

Trzecim powodem, dla którego modlitwa ta potrafi przemienić nasze życie, jest to, że przypomina nam kolejną istotną prawdę: Bóg pragnie naszego pokoju. Słusznie odwracamy się od koncepcji głoszącej, że Boga obchodzą jedynie przestrzeganie zasad i doprowadzanie nas do porządku. To mylne postrzeganie Go jako „policjanta" jest szczególnie odpychające, ponieważ wiemy, że trzymanie się zasad nie wychodzi nam specjalnie dobrze. Za to mówienie do Boga, który pragnie dla nas pokoju ducha – do jakiego i my w naturalny sposób dążymy – przypomina nam, że On jest po naszej stronie. To właśnie Bóg, w którym od wieków zakochują się święci. To właśnie Bóg z *Modlitwy o pogodę ducha*. Proste prośby są kierowane do Pana, który nas kocha, pragnie naszego szczęścia i jest po to, by pomóc nam stać się lepszymi.

Wielu ludzi odwraca się od religii, ponieważ w miarę upływu lat wymagania związane z utrzymaniem relacji z Bogiem i Kościołem stają się dla nich zbyt trudne. Choć chrześcijaństwo uczy, że Bóg jest miłością, to gdy Kościół (w tym ja!) zaczyna tłumaczyć, co to oznacza w praktyce, niekiedy sedno umyka albo zostaje zastąpione innymi, mniej ważkimi tematami. Skupiamy się na tym, czego wymaga od nas wiara, jeśli chcemy ją przyjąć w całości, zamiast na kochającym Ojcu, który zaprasza nas w swoje ramiona.

Jest jeszcze jedna cecha czyniąca *Modlitwę o pogodę ducha* tak szczególną. To prośba do Boga o łaskę potrzebną do wykonania naszej części zadania. Nie umniejsza ona jednak naszej roli i nie zostawia wszystkiego w Jego rękach. Tak powinno być, tak jest bardziej po ludzku. I w taki właśnie sposób Bóg ingeruje w ludzkie sprawy. Czy pamiętasz to dziwne uczucie z czasów szkolnych, gdy prosiłeś Boga, by pomógł ci zaliczyć sprawdzian, przed którym się nie uczyłeś? Poczucie dyskomfortu jest zdrowe, ponieważ Bóg dał nam rozum i wolę. Zachowujemy się niewdzięcznie, gdy bezczelnie odrzucamy dary, które nam powierzył, mając nadzieję, że On zawsze wyciągnie nas z tarapatów. Owszem, w *Modlitwie o pogodę ducha* prosimy o cud pokoju pośród chaosu, ale jednocześnie obiecujemy Bogu, że spróbujemy: (1) pogodzić się z tym, czego nie możemy zmienić; (2) mieć odwagę, by zmienić to, co możemy; (3) użyć rozumu, aby odróżnić jedno od drugiego. To właśnie współpraca z Bożą łaską.

Każda z trzech wielkich cnót, o które prosimy w tej modlitwie (pogoda ducha, odwaga i mądrość), ma swoją cenę. Błagamy o nie, ale także pracujemy nad nimi i polegamy na Bożej łasce, która ma nas poprowadzić. Cudem, o jaki prosimy, jest łaska czynienia tego, czego w innym wypadku nie bylibyśmy w stanie dokonać. Choć współcześnie czujemy się tak wszechmocni, istnieje wiele aspektów życia, które wywołują poczucie dziwnej bezradności. Codziennie spotykam ludzi, którzy czują się jak w pułapce. U niektórych jest to związane z sytuacją zawodową (lub bezrobociem), u innych – z małżeństwem i rodziną, a jeszcze inni czują się zniewoleni przez złe wybory, których dokonali, albo po prostu przez własne wady i porażki. Nie musimy znaleźć się za kratkami, by poczuć się jak w więzieniu. Potrafimy zbudować sobie własną celę i zamknąć się w środku. Pozwalamy błahostkom, by wprawiły nas w poczucie beznadziei i pustki. Czyż nie jest zdumiewające – a zarazem frustrujące – widzieć, jak osiągnięcia nauki pozwalają nam dzielić atomy i leczyć wiele chorób, a jednocześnie jak powstrzymują nas własne ułomności? Czy Bóg chce, byśmy czuli się zniewoleni? W żadnym wypadku! On pragnie obdarzyć nas łaską zerwania się z łańcuchów i wyjścia z własnego więzienia.

W *Modlitwie o pogodę ducha* najbardziej podoba mi się to, że kiedy naprawdę nauczymy się nią modlić – a nie tylko ją odmawiać – będziemy zmuszeni wykorzystać ją w praktyce. Z tą modlitwą w sercu uczymy się odróżniać to, w co możemy mieć wkład (co możemy zmienić), od tego, co musimy po prostu zaakceptować i zostawić w Bożych rękach (czego nie możemy zmienić). Prosimy o pokój ducha, odwagę i mądrość, ale także na nie pracujemy.

Mam nadzieję, że niniejsza książka pomoże ci uczynić tę modlitwę drogą życia. Dla mnie tym właśnie się ona stała. W swojej posłudze oczywiście często się modlę i praktykuję wiele modlitw, a każdą z nich staram się odmawiać szczerze. *Modlitwa o pogodę ducha* jest jednak inna od pozostałych: to nawyk, sposób życia, słowa, którymi mówię do Boga, kiedy się budzę, zanim pójdę spać, gdy się denerwuję, jestem wdzięczny, czuję się zdezorientowany, jestem szczęśliwy, ponoszę porażkę lub nie wiem, co powiedzieć.

W każdej z trzech części tej książki zgłębiam po jednym wersecie tej cudownej modlitwy. Posługuję się historiami ludzi, którzy nauczyli się – lub nadal się uczą – odnajdywać więcej pogody ducha. Mówię o tym, czego Bóg dokonał w życiu moim i członków mojej rodziny, by pomóc nam postawić te trzy kroki. Wykorzystuję ulubione opowieści biblijne, teksty poruszające tematykę duchowości, fakty, modlitwy i medytacje, by pomóc ci odbyć podróż w kierunku większej pogody ducha, odwagi i mądrości, których Bóg pragnie dla każdego z nas.

Nim przejdę dalej, chciałbym prosić cię o jedno: czy zechciałbyś nauczyć się *Modlitwy o pogodę ducha* na pamięć i odmawiać ją codziennie, aż skończysz lekturę tej książki? Będzie to prosty sposób na to, by powiedzieć Duchowi Świętemu, że jesteś otwarty na każdą radosną niespodziankę, jaką dla ciebie przygotował. Również po to na końcu wielu rozdziałów umieściłem krótkie modlitwy. Niech stanowią one przypomnienie, że książka ta jest nie tyle nauką czegoś nowego, ile podróżą modlitwy i nawrócenia.

Część pierwsza

„Pogody ducha,
abym godził się z tym,
czego zmienić nie mogę"

Niedawno moja droga przyjaciółka Lorie napisała do mnie, nieco spanikowana, list. Twierdziła, że ma paranoję na punkcie swojego szefa i nocami nie może spać.

– Boisz się, że cię zwolni? – spytałem.

– Nie, nie sądzę, ale prosi mnie o tyle rzeczy, że nie wiem, czy jestem w stanie je zrobić ani co z tego wszystkiego wyjdzie.

– Cóż, Lorie, ale czy to nie super, że tak na tobie polega? To przecież oznaka zaufania – odpowiedziałem. – Nie zwolni cię ani się na ciebie nie zdenerwuje, skoro powierza ci tyle zadań.

– No tak, ale to za dużo. Nie wiem, co mam robić.

– A czy do tej pory był zadowolony z twoich wyników?

– Nie wiem – odparła. – Ale w tym miesiącu dał mi podwyżkę.

– Jakąś znaczącą?

– Chyba tak. Dwadzieścia procent.

Wysłałem jej uśmiechniętą buźkę i dodałem, że wielu ludzi chciałoby mieć tak nierozsądnego szefa. Ale nawet podwyżka ani spory dodatek w zeszłym miesiącu nie były w stanie zmienić tego, jak czuła się Lori. Była przytłoczona oczekiwaniami szefa. Nie mogła nad tym zapanować i poczuła, że sobie nie radzi. Przerastały ją rzeczy, których nie mogła zmienić.

W pierwszej części książki zagłębię się w istotę akceptacji tego, czego nie możemy zmienić, a także spróbuję odpowiedzieć na pytanie, jak tego dokonać. W grę wchodzą trzy kwestie: pogoda ducha, akceptacja i okoliczności niemożliwe do zmiany.

Na pierwszy rzut oka pogoda ducha może wydawać się czymś negatywnym, jeśli będziemy się odnosić do braku czegoś – na przykład zdenerwowania, zmartwień czy stresu. Gdyby pogoda ducha polegała jedynie na nieobecności określonych uczuć czy okoliczności, powiedzielibyśmy jednak, że bycie pogodnym oznacza bycie beztroskim – opanowanym i niewzruszonym wobec kłopotów. Ale kiedy spotkamy naprawdę pogodną osobę, zdamy sobie sprawę z tego, że to coś więcej niż beztroska. Pełni pokoju, pogodni ludzie promieniują poczuciem spełnienia i zadowolenia. Pogoda i pokój ducha to pozytywne cechy, które obejmują pełnię i bogactwo duszy sięgające daleko poza sam brak czegoś złego. Nie można być prawdziwie pogodnym, jeśli jest się pustym w środku wobec problemów. Pogoda, o którą się modlimy, jest kompleksowa – obejmuje całość naszego jestestwa. Wiąże się z głębokim przekonaniem, że wszystko, co ważne, jest albo będzie w porządku, ponieważ Bóg opowiada się po naszej stronie, wie, na co pozwala i dlaczego to robi. Pogodna dusza odnajduje odpoczynek w pewności bycia kochaną i pielęgnowaną przez doskonałą miłość – samego Boga.

Skoro pogoda ducha to stan, to drugi element, akceptacja, jest działaniem. Słowo to pochodzi od łacińskiego *accipere* ('przyjąć coś do siebie', 'uczynić coś swoim'). Gdy przyjmujemy prezenty, odbieramy je z wdzięcznością jako przedmioty, które obejmujemy w posiadanie. Przyjmowanie prezentów stanowi przeciwieństwo odrzucenia, niechęci do wzięcia tego, co otrzymujemy. W tym kontekście akceptacja oznacza również pewne przyzwolenie, na przykład kiedy przyjmujemy przeprosiny lub oświadczyny. Zauważ, że w owym przyzwoleniu nie chodzi tylko o ustępowanie. Przyjęcie osoby do swojego domu lub grona bliskich wymaga postawy otwartości, a przyjęcie danej idei oznacza zasymilowanie jej i utożsamienie się z nią. W modlitwie prosimy właśnie o pogodę ducha zrodzoną z postawy otwartości wobec trudnych doświadczeń, których nie możemy zmienić.

Czym są owe okoliczności, których nie mamy mocy odwrócić? Co to za niemożliwe do zmiany doświadczenia, w których akceptacji ma nam pomóc Bóg? Nie sposób ich wszystkich wymienić, ale pomocne może okazać się określenie istoty tych, które są najtrudniejsze do przyjęcia. Zacząć można, oczywiście, od naszej przeszłości, od osobistej historii. Co się stało, to się nie odstanie. Wszystko, co już dostaliśmy lub co nam się przydarzyło – rodzice, rodzeństwo, wykształcenie, talenty (albo ich brak), traumatyczne doświadczenia i tragedie, dobre bądź złe wybory oraz ich konsekwencje – to musztarda po obiedzie. To sprawy, które się nie zmienią – nieważne, jak bardzo byśmy tego chcieli. Możemy się buntować lub przyjąć rzeczywistość taką, jaka jest. Możemy czerpać naukę z przeszłości albo pozwolić jej nas uwarunkować. Niewielu ludzi jest całkowicie zadowolonych ze swojego życia. Niewielu jest takich, którzy uwielbiają w sobie wszystko – a większość osób o takim usposobieniu wydaje się nie do zniesienia!

W pierwszej części książki wyjaśnimy sobie wszystkie trzy kwestie. Poszukamy pogody ducha i założymy, że jej nie odnajdziemy dopóty, dopóki nie zechcemy pogodzić się z pewnymi rzeczami, ponieważ opieranie się niepodlegającym zmianie okolicznościom jest bezproduktywne, mało tego, destrukcyjne. Pierwsza prośba z *Modlitwy o pogodę ducha* wymaga pewnej dyscypliny. Należy podjąć kroki konieczne do konstruktywnego ukształtowania naszych podstawowych skłonności.

Do tego przyda się również gotowość do zaufania. Prosimy z wiarą w to, że otrzymamy. Szukamy z przekonaniem, że znajdziemy. Kołaczemy pewni, że nam otworzą.

Rozdział 1

Pokój, który przychodzi od Boga

Powszechnie wiadomo, że na głos najbezpieczniej jest życzyć sobie pokoju na świecie lub modlić się o niego. To główny temat podejmowany na konkursach piękności, zakończeniach roku szkolnego czy bankietach charytatywnych. To szczytny cel, ale pokój na świecie staje się niekiedy określeniem naiwnego pragnienia pod tytułem: „Czy nie moglibyśmy się wszyscy po prostu dogadać?". To naiwne, ponieważ sugeruje, że pokój można osiągnąć poprzez zachowanie czy działania dyplomatyczne, a nie drogą nawrócenia serca. W dążeniu do „pokoju na świecie" wyglądamy na zewnątrz, by nie musieć patrzeć do środka. Jak napisał niegdyś wybitny biskup Fulton Sheen: „Wojny światowe stanowią jedynie projekcje bitew toczonych w duszy człowieka współczesnego, ponieważ nic, co najpierw nie wydarzyło się w duszy, nie nastąpi w świecie zewnętrznym"[1]. To prawda. W rzeczywistości bardziej niż pokoju na świecie pragniemy pokoju ducha, pokoju wewnętrznego.

Gdy modlimy się o pogodę ducha, by pogodzić się z tym, czego nie możemy zmienić, prosimy o ten właśnie gruntowny pokój. To głębszy i trwalszy rodzaj pokoju, który nie zależy od wydarzeń zewnętrznych, ale od woli zawierzenia Bogu w tym, że przygotuje On dla nas wszystko w swoim porządku i czasie.

Jezus przyszedł do nas jako Książę Pokoju i obiecał uczniom dar pokoju, jakiego nie może dać świat (J 14,27). Pokój ten to coś więcej niż zwykłe „dogadywanie się" czy brak konfliktu zbrojnego. Jezus miał na myśli coś głębszego, trwalszego. Pokój na tym świecie jest zawsze chwiejny, zagrożony. Możemy cieszyć się nim przez chwilę, a potem ktoś nas z niego okrada. Tak jak powierzchnia oceanu potrafi być gładka, a za chwilę wzburzona, tak i nasz pokój wydaje się być nieustannie zagrożony upadkiem. Nawet ci, którzy mają wszystko – zdrowie, dobre relacje z ludźmi, pieniądze – muszą żyć ze świadomością, że w każdej chwili mogą to utracić.

Pozwolenie Bogu na to, by przygotował wszystko w swoim porządku i czasie, jest trudne, ponieważ oznacza odpuszczenie spraw, których kurczowo się trzymamy. A odpuszczenie spraw naprawdę wymagających załatwienia może wydawać się niesprawiedliwością, przejawem obojętności czy braku odpowiedzialności z naszej strony. Niekiedy czuję się wręcz winny, bo próbuję zostawić w Bożych rękach sprawy, których nie potrafię zmienić, jakby troska o nie oznaczała, że zdziałam coś konstruktywnego. To płytkie myślenie. Pogoda ducha to nie to samo co opanowanie. Daleko pod powierzchnią oceanu znajdują się głębiny nieporuszone przez szalejące nad nimi potężne sztormy. Tam, gdzie my dostrzegamy jedynie wzburzone fale, Bóg widzi zdolność do osiągnięcia ładu, ścieżkę do pokoju.

Czy zauważyłeś, jak łatwo chwycić za ster, gdy wody życia płyną spokojnie? Łatwo jest zaufać Bogu, jeśli już ustaliliśmy wynik, jaki chcemy uzyskać. Nie jest zaś tak prosto – choć o to prosimy w naszej modlitwie – powiedzieć Bogu: nie będziemy już zabiegać o całkowitą kontrolę, ponieważ ufamy, że to Ty podejmujesz najlepsze decyzje.

Pokój nie zaczyna się w narodach ani nawet pośród członków rodziny czy przyjaciół. On zaczyna się w naszej pokornej relacji z Bogiem. Zaczyna się, gdy wypowiadamy słowa: „Boże, obdarz mnie swoim pokojem, wedle Twojej woli".

Jedną z najpiękniejszych i najgłębszych książek, jakie w życiu czytałem, jest niewielki tom pod tytułem *Abandonment to Divine Providence*, który na początku XVIII wieku napisał jezuita Jean-Pierre de Caussade[2]. Autor ten wytycza prostą ścieżkę do głębokiego wewnętrznego pokoju prowadzącą poprzez pełną miłości akceptację Bożej woli w każdej chwili życia. Jak pisze de Caussade, Bóg zawsze działa w „sakramencie teraźniejszości", a nasze poddanie się Mu to droga do świętości i pokoju. My sami, jak Święty Paweł przed nawróceniem, często „wierzgamy przeciwko ościeniowi" (Dz 26,14), opieramy się Bożym planom wobec nas, co prowadzi do stresu i niepokoju. Zamartwiamy się, ponieważ boimy się zaufać; stajemy się nerwowi i wzburzeni.

Pogoda ducha – pogodzenie się z tym, czego nie możemy zmienić – oznacza o wiele więcej niż proste poddanie się niemożności zmiany sytuacji. Wiąże się z przyjęciem zarówno przyjemnych, jak i nieprzyjemnych aspektów życia jako okoliczności, wbrew którym, z Bożą pomocą, radzimy sobie z dramatem ludzkiej egzystencji. Okoliczności te są zamierzone lub dopuszczone przez Boga i doskonale wpasowują się w Jego plan naszego wiecznego szczęścia. Na ów kontekst składa się wiele spraw, których nie mamy mocy zmienić: nasza przeszłość, wykształcenie, wychowanie, rodzina, fizyczność, temperament czy skłonności. Tak wiele dotyczących nas kwestii jest z góry przesądzonych! Są to jednak ustalenia, które nie tylko mamy tolerować, lecz także radować się nimi. Konkretne aspekty tych okoliczności nie stanowią wcale pechowych przypadłości, ale są cennymi narzędziami służącymi osobistemu spełnieniu i ukończeniu misji, do jakiej powołał nas Bóg.

Największa przeszkoda na naszej drodze do pokoju ducha często bierze się z niechęci do prawdziwego pogodzenia się ze sprawami, których nie możemy zmienić. Nie podobają się nam one. Denerwują nas. Niezdolność do zmiany sytuacji złości nas i odsuwa od pokoju. Z tego powodu nawet wtedy, gdy modlimy się o pogodę ducha, prosimy także o łaskę prawdziwego przyjęcia spraw, których nie możemy zmienić, o spojrzenie na nie jako na część Bożego planu i objawienie Jego miłości. To nie jest zwykły pech ani niemożliwa do pokonania przeszkoda na drodze do szczęścia czy osobistego spełnienia. Tak naprawdę to, co już się stało, stanowi niezbędną część owego spełnienia.

Znam pewną młodą samotną kobietę, która nie ma już na świecie nikogo bliskiego. Matka Rebeki popełniła samobójstwo, jej ojciec zmarł w młodości (musiała radzić sobie bez jego wsparcia), wreszcie jedyna babcia – która odgrywała raczej rolę matki – również odeszła. Rebeka zawsze przypomina mi, że podczas gdy jej względnie nowa wiara w Boga i niebo stanowi głębokie źródło pocieszenia, jej życie i tak pozostaje naznaczone bólem i samotnością. Przyjęcie Bożego planu nie oznacza wolności od cierpienia. Ostatnio Rebeka napisała do mnie takie słowa:

> Akceptacja zwykle nie jest bierna. Może taka być, ale zwykle opiera się na działaniu. To aktywne postanowienie, by mocniej zaufać Bogu i kochać Go, przyjąć Jego wolę mimo wszystko. To także postawa okazywania miłości i służby innym. Tego ostatniego jeszcze nie dokonałam. Pomógł mi fragment z rozważań Oswalda Chambersa, który przeczytałam dziś rano. Chambers pisze, że cierpienie często pogłębia refleksję, ale nie

zawsze sprawia, że człowiek staje się lepszy. Przez odejście od chorobliwego przywiązania do samego siebie możemy stać się „pokarmem" dla innych.

W duchowej podróży Rebeki imponuje mi jej aktywna pogoń za zrozumieniem i pokochaniem Bożej woli, nawet w doświadczeniu wielkiego cierpienia. Codzienna lektura rozważań i próby „okazywania miłości i służby innym" to tylko dwa przykłady nieustannego zaangażowania w osiągnięcie akceptacji – a właściwie przyjęcia – tego, czego nie da się zmienić.

Karl Adam, wybitny niemiecki teolog, napisał kiedyś, że „rzeczywistość to wyraz Woli Ojca"[3]. Czyż to nie jest pocieszające? Boża wola – dobro, które On czyni i nawet zło, które dopuszcza na tym upadłym świecie – nigdy nie służy zniszczeniu, lecz zawsze naszemu dobru. Przypomnij sobie słowa z Księgi Jeremiasza: „Ja (sam) bowiem znam zamierzenia, jakie żywię względem was – głosi Jahwe – zamierzenia (niosące) pomyślność, a nie zgubę, aby zapewnić wam przyszłość (pełną) nadziei" (Jr 29,11).

W pewnym programie telewizyjnym artysta poprosił dzieci, by nabazgroliły coś na płótnie. Jego zadanie polegało na tym, by stworzyć coś artystycznego i pięknego z czegoś mocno niedoskonałego. Byłem zdumiony, w jaki sposób to osiągał. Cofał się, przyglądał bazgrołom, po czym zaczynał malować. Traktował dziecięce bohomazy jak elementy nowego, donioślejszego zamysłu. Nagle coś, co wydawało się bezsensowne i przypadkowe, stawało się częścią pięknego dzieła sztuki. Myślę, że właśnie to Bóg czyni z naszymi wadami i niepowodzeniami, jeśli tylko Mu na to pozwolimy. Podobnie jak artysta z programu telewizyjnego, nie wymazuje naszych bazgrołów – naszych grzechów – i nie zaczyna od żera. Włącza je do nowego dzieła sztuki, lepszego niż jesteśmy w stanie to sobie wyobrazić.

...

Panie, daj mi dziś, proszę, zasmakować Twojego pokoju, pokoju, jakiego świat dać nie może. Pomóż mi przyjąć moją przeszłość, zamiast pragnąć innej, a także odnaleźć Twoje dzieło w sakramencie teraźniejszości.

Rozdział 2

Bezpieczni od wszelkiego zamętu

Podczas liturgicznej celebracji ostatniej wieczerzy po modlitwie *Ojcze nasz* modlimy się, by Bóg „wybawił nas od zła wszelkiego i obdarzył nasze czasy pokojem", byśmy mogli być „bezpieczni od wszelkiego zamętu". Także w oczach Boga zamęt i niepokój są wrogami naszej duszy. Nie jesteśmy przez to zdolni do życia w Jego pokoju, w teraźniejszości, do przyjęcia tego, czego nie możemy zmienić.

Jezus mówi uczniom, by nie trapili się tym, co mogłoby martwić niewierzących. Dodaje, że nie mają troszczyć się o jedzenie czy ubranie, nie powinni wpadać w popłoch przed jutrem, skoro wystarczy dziś. Mówi im i nam, że życie może być łatwiejsze, ale to my je komplikujemy. Zachęca do ustalenia priorytetów w naszych troskach: „Szukajcie najpierw królestwa Bożego". Obiecuje też, że jeśli tak uczynimy, wszystko zostanie nam przydane (Mt 6,25–34). Tak naprawdę stwierdza: nie ma się czym martwić; możemy spocząć w prawdzie o tym, że Bóg zatroszczy się o wszystko, czego nie umiemy zmienić.

Dobra Święta Marta, siostra Łazarza i Marii z Betanii, to znakomita gospodyni (Łk 10,38–41). Gdy Pan przychodzi do jej domu, ona krząta się, chce dopracować do perfekcji szczegóły, poświęca wszystko, by zapewnić jak najlepszą gościnę.

Nadmierna troska o urządzenie idealnego przyjęcia prowadzi ją jednak na skraj załamania nerwowego i, jak na ironię, kończy się niegrzecznym zachowaniem wobec Gościa. Marta, sfrustrowana tym, że jej siostra Maria zostawiła ją z całą robotą – siedzi sobie u stóp Mistrza i cieszy się Jego towarzystwem – podchodzi do Jezusa i żąda, by nakazał Marii jej pomóc. Jezus delikatnie strofuje Martę: „Marto, Marto, troszczysz się i niepokoisz o tak wiele, a przecież jednego tylko potrzeba".

Nie udziela jej porady nierozsądnie. Nie twierdzi, że powinniśmy iść do pracy tylko wtedy, kiedy mamy na to ochotę, albo nie planować domowych wydatków. W żadnym z fragmentów Ewangelii Jezus nie został przedstawiony jako wyznawca maksymy „hakuna matata" czy jedno z dzieci kwiatów prezentujące beztroskie podejście „niech się dzieje, co chce". Po prostu zaprasza nas On do ponownego ustalenia priorytetów i zdania sobie sprawy z tego, że to, co nas martwi, nie jest warte takiego wkładu emocjonalnego; powinniśmy się skupić na czymś, co naprawdę ma znaczenie.

Co najbardziej mnie niepokoi i ograbia z pokoju duszy? Czy to naprawdę takie ważne? Większość spraw, które wydają się w danym momencie absolutnie ważne, odchodzi w niepamięć w ciągu kilku dni, a czasami nawet godzin. Cokolwiek zdenerwowało mnie w minionym tygodniu, dziś nie ma znaczenia, niczym miasto na pustyni zasypane piaskami. Coś, co wydaje mi się tak bardzo dramatyczne, potrafi wypaść z głowy chwilę później.

Ważnym krokiem w tym duchowym ćwiczeniu przezwyciężania niepokoju i stresu jest wybór zaufania, wiary w to, że nie jesteśmy sami, i pójścia z tą wiedzą do przodu. Skoro wszystko zależy od ciebie, to znaczy, że dźwigasz ogromny ciężar. Jeśli przyszłość twoja i twojej rodziny wspiera się jedynie na twojej sile i umiejętnościach, jak mieć nadzieję, że się uda? Ale czy naprawdę w s z y s t k o zależy od ciebie? Oczywiście, że nie. Mówi się, by „robić wszystko, co w twojej mocy". Słowa te, właściwie rozumiane, mają sens. Po co martwić się czymś, co nie leży w naszej mocy? Jeszcze więcej sensu dodałoby tym słowom uznanie, że „robienie wszystkiego, co w naszej mocy" zawiera w sobie zawierzenie Bogu powodu do niepokoju i pozwolenie Mu, aby zatroszczył się o to, co znajduje się poza zasięgiem naszych możliwości. W życiu chrześcijanina jest jak w spółce biznesowej, w której skład wchodzą mniej i bardziej znaczący partnerzy. To ci ważniejsi mają ostatnie słowo i największą odpowiedzialność. Kiedy zrobimy już wszystko, co w naszej mocy, możemy zapomnieć o reszcie, ponieważ wiemy, że nasz Największy Partner w biznesie życia – Duch Święty – ma wszystko pod kontrolą.

Oddanie naszych niepokojów Panu pięknie wyrażają słowa piosenki „I Offer My Life" autorstwa Dona Moena i Claire Cloninger:

> Wszystko, kim jestem, wszystko, co mam,
> Panie, ja wszystko to Tobie dam.
> Wszystkie zwycięstwa i wszelkie żale,
> radości, cierpienia ja Tobie oddaję.
>
> Tobie, Panie, ofiaruję życie me,
> troski moje weź dla chwały Twej.
> Tobie, Panie, ofiaruję swe dni,
> wznoszę dar ten, by ucieszyć Cię.
> Tobie, Panie, ofiaruję życie me[4].

Wielcy święci biblijni wiedzieli, jak to uczynić. Święty Piotr zaprasza nas, byśmy złożyli swoje troski na barkach Jezusa i zaufali Mu: „wszelką swą troskę [...] [przerzućcie na Niego], gdyż On troszczy się o was!" (1 P 5,7). Słowa te niosą głębokie pocieszenie.

Ale czy naprawdę powinniśmy zrzucać to wszystko na Boga? Czy nie powinniśmy przypadkiem spytać Go o pozwolenie, nim to zrobimy? On już go nam udzielił. Właściwie to nas o to prosi. „Pójdźcie do Mnie wszyscy utrudzeni i uginający się pod ciężarem, a Ja wam dam wytchnienie", mówi Jezus (Mt 11,28). Nie wiem, czy w Biblii da się znaleźć bardziej pocieszające słowa. Jezus rozumie, że jesteśmy obciążeni i czujemy niepokój, i nam współczuje. Pragnie nam towarzyszyć i zaprasza, byśmy się do Niego zwrócili. Mówi: „Weźcie moje jarzmo i uczcie się ode Mnie, bo jestem łagodny i pokornego serca, a znajdziecie odpoczynek dla dusz waszych. Albowiem moje jarzmo jest słodkie, a brzemię lekkie" (Mt 11,29–30). Można zrozumieć, że w pewnym sensie prosi, byśmy się z Nim zamienili. Pragnie wziąć nasze ciężary, a w zamian proponuje słodkie jarzmo podążania za Nim.

...

Wszystko, kim jestem, wszystko, co mam,
Panie, ja wszystko to Tobie dam.
Wszystkie zwycięstwa i wszelkie żale,
radości, cierpienia ja Tobie oddaję.

ROZDZIAŁ 3

Pracuj tak, jakby wszystko zależało od ciebie; módl się tak, jakby wszystko zależało od Boga

Wybór powierzenia Bogu naszych trosk i zmartwień o sprawy, których nie możemy zmienić, nie sprawi, że staniemy się pasywni. Właściwie to będziemy dzięki temu skuteczniejsi. Będziemy w stanie jaśniej myśleć, mądrzej działać i robić to, co możemy i powinniśmy.

Pamiętasz bajki Ezopa? Ezop był Frygijczykiem, żył w VI wieku przed Chrystusem. Choć, rzecz jasna, nie mógł słyszeć o życiu i przesłaniu Jezusa, przypisywane mu bajki z morałami są pełne fundamentalnych prawd na temat ludzkiej kondycji, w tym wartości ciężkiej pracy i odpowiedzialnego życia. W bajce o mrówce i koniku polnym Ezop opisuje niezwykle pracowitą mrówkę, która przez całe lato znosi jedzenie do mrowiska, by zgromadzić zapasy na długą zimę. Codziennie maszeruje obok konika polnego, który spędza słoneczne dni na grze na skrzypkach i nabijaniu się z jej głupoty. I rzeczywiście, dopóki trwa lato, wydaje się, że z tej dwójki to konik postępuje rozsądniej. Spędza dni na jedzeniu, piciu i wygłupach, podczas gdy biedna mrówka ciągle haruje.

Ale, jak pewnie pamiętasz, wreszcie nadchodzi zima i wszystko diametralnie się zmienia. Teraz to mrówce się wiedzie, bo korzysta z owoców swej pracy. Zziębnięty i głodny konik polny musi żebrać, podczas gdy syta mrówka odpoczywa w przytulnym mrowisku.

Pogoda ducha, której szukamy, nie rodzi się z braku odpowiedzialności. Nie chodzi o lekceważenie obowiązków po to, by znaleźć pokój duszy. Wszyscy znamy takich ludzi, którzy, jak konik polny z bajki, nie potrafią żyć odpowiedzialnie albo po prostu tego nie robią. Zaciągają długi na kartach kredytowych i nie mają zamiaru ich spłacać albo żerują na szczodrości innych, ponieważ nie chciało im się samodzielnie oszczędzać.

Możemy z powodzeniem odrzucić koncepcję głoszącą, jakoby pogoda ducha wiązała się z obojętnością wobec naszych powinności – albo, co gorsza, była jej owocem. Pogoda ducha nie dotyczy również sytuacji odwrotnej – poczucia winy, że nie polegamy na Bogu, kiedy ciężko pracujemy i dążymy do swoich celów. Chodzi o złoty środek: ustalanie dobrych celów i dążenie do ich osiągnięcia z zapałem, bez przekonania, że wszystko zależy od nas, i bez nieustannych obaw o przyszłość.

W tym miejscu do głowy od razu przychodzą mi jeszcze inne słowa. Stanowią one starszy odpowiednik *Modlitwy o pogodę ducha*, a ich autorstwo przypisuje się Ignacemu Loyoli, założycielowi Towarzystwa Jezusowego. Radził on: „Pracuj tak, jakby wszystko zależało od ciebie; módl się tak, jakby wszystko zależało od Boga". Trzymając się tej zasady, wykonujemy swoją pracę ze świadomością, jak ważną rolę odgrywamy. Podczas modlitwy uzmysławiamy zaś sobie, że bez Boga nawet praca nas nie ocali. Modlitwa jest konieczna dla równowagi w naszych działaniach i ma przypominać nam o tym, kto tak naprawdę dzierży władzę. Jezus zadaje pytanie retoryczne: „A któż z was, tak zatroskanych, może dodać jedną chwilkę do swojego życia?" (Mt 6,27). Innymi słowy: jesteśmy powołani do planowania, oszczędzania i pracy; przez cały czas ze świadomością, że wszystko jest w Jego rękach. Bóg prosi nas o wierność, a nie o sukces.

Pogoda ducha, której poszukujemy, częściowo rodzi się ze świadomości, że zrobiliśmy wszystko, co w naszej mocy, a resztę zostawiamy Bogu. Prawdziwy pokój duszy nawiedza nas wtedy, gdy wiemy, że dołożyliśmy wszelkich starań. Jak rolnik, który orze pole, sieje ziarno, po czym siada i czeka, aż zboże urośnie, tak i my, spełniwszy swój obowiązek, możemy odpocząć z poczuciem pewności, że owoce naszej pracy i tak w ostatecznym rozrachunku zależą od Boga. Życie chrześcijanina można uznać za wspólny wysiłek, spółkę, a nawet partnerstwo biznesowe z Bogiem jako głównym wspólnikiem, działającym u naszego boku i nadrabiającym nasze niedostatki.

Jestem golfistą. Może to za dużo powiedziane – po prostu lubię grać w golfa. Poza dreszczykiem emocji, który pojawia się, gdy próbuję umieścić białą piłeczkę w otworze w ziemi znajdującym się kilkaset metrów od miejsca wybicia (wiem, że to nieco szalone), podczas gry w golfa pod wieloma względami doznaję przeżyć duchowych. Kiedy widzę pięknie zaprojektowane pole lub wspaniały naturalny krajobraz, czuję łączność z wielkością Boga. W rzadkich chwilach, gdy uda mi się dobrze trafić, czuję podniecenie na myśl o tym, że jestem w stanie tak wyćwiczyć umysł i ciało i może pewnego dnia uda mi się zostać przyzwoitym golfistą. Wprawdzie trudno uznać tę płonną nadzieję za przeżycie duchowe, ale chodzi o coś jeszcze. Golf, jak żaden inny sport, umożliwia prowadzenie w przyjaznym otoczeniu ważnych rozmów z ludźmi, z którymi w innej sytuacji nie zamieniłoby się wielu słów.

Kiedy przebywałem w domu pracy twórczej nieopodal jeziora Tahoe, zaproponowano mi, bym spróbował uporać się z brakiem natchnienia na nowym, okazałym polu golfowym o nazwie Clear Creek Tahoe. To nieznana dotąd perełka, która wkrótce z pewnością zostanie okrzyknięta polem golfowym światowej klasy. Każdy dołek w wyjątkowy sposób zaznacza się pośród naturalnych terenów gór Sierra w stanie Nevada. Po pierwszym dołku wiedziałem, że kolejne trzy godziny spędzę w namiastce nieba. Nie wiedziałem jednak, że doznam duchowych przeżyć w wyniku zarówno rozmowy z gospodarzem, jak i jego fachowych rad.

Poznałem wtedy Colina. Natychmiast ujęły mnie jego wrodzona dobroć i talent do nauczania. Gdy dowiedział się, że jestem kapłanem, rozmowa zeszła na tematy religijne, jak to z reguły bywa. Spytał mnie, jak to się stało, że postanowiłem zostać księdzem. Gdy zaczął dociekać, czy moi rodzice również byli duchownymi, domyśliłem się, że nie jest katolikiem, ale wyczułem w nim ciekawość Boga i wiary. Później wyznał mi, że nie wychowywał się w żadnej wierze, ale kiedy był dzieckiem, fascynowała go modlitwa. Jeden temat przeradzał się w kolejny i wkrótce, za jego sprawą, skończyło się na poważnej dyskusji o moralności, niebie, Bogu, modlitwie, wierze i sensie ludzkiego życia. To pewne, że nie zaplanowałbym tak trudnych rozmów na polu golfowym ani nawet nie zachęcałbym do nich, ale pokora, szczerość, otwartość i bystry umysł Colina sprawiały, że dyskusja toczyła się bez naszego wysiłku. Jestem przekonany, że dowiedziałem się od niego przynajmniej tyle, ile on dowiedział się ode mnie.

Zdaje się, że przy celowaniu do znajdującego się na pięćset czterdziestym metrze trzynastego dołka, jak na ironię noszącego nazwę „Kontemplacja", Colin porównał technikę golfową do tego, jak powinno wyglądać życie. Zaczął od komentowania mojego swingu golfowego:

— Najważniejsze jest tempo. Gdy wszystko inne zawodzi, pamiętaj o jednym: tempo, tempo, tempo.

W żargonie golfistów znaczy to, że powinniśmy zwolnić i pozwolić, by kij zrobił resztę.

— Pamiętaj — mówił — z jakiegoś powodu mówimy „swing", a nie „uderzenie"[5]. W torbie mamy czternaście kijów, ale potrzebujemy tylko jednego swingu. Jeśli zwolnisz i dasz się poprowadzić linii uderzenia kija, reszta dokona się sama. — Podniósł wzrok i uśmiechnął się szeroko. — To chyba trochę tak jak w życiu.

Miał całkowitą rację. Kiedy usiłujemy się zmusić, przyspieszyć jakiś proces, gdy nie potrafimy odpuścić, raz zachowujemy się tak, a innym razem inaczej, wtedy dzieje się źle. Z drugiej jednak strony, kiedy jesteśmy pewni swojej postawy przed Bogiem i innymi, a naszymi głównymi celami są niebo i poprowadzenie tam jak największej liczby osób, życie staje się całkiem proste. Ta prostota pozwala na łatwiejszą konfrontację z przeciwnościami. Życie prawdziwego chrześcijanina nie wywraca się do góry nogami wobec hańby czy sławy, zwycięstwa czy porażki, zdrowia czy choroby, bogactwa czy bankructwa, ponieważ doświadczenia te nie zmieniają go, a jego główny cel wciąż pozostaje osiągalny.

Niezależnie od tego, czy charakterem bardziej przypominamy Ezopową mrówkę (może troszkę za często się zamartwiamy), czy konika polnego (jesteśmy kompletnie nieodpowiedzialni), nadal możemy się zmienić. Możemy postanowić, że będziemy pracować, jak gdyby wszystko zależało od nas, i modlić się, jak gdyby wszystko zależało od Boga. Modlitwa i praca poprowadzą nas długą drogą do pogodzenia się z tym, czego nie możemy zmienić.

...

Panie, dziś postaram się współpracować z Twoim planem dla mnie, robić wszystko, co w mojej mocy. Wdzięczny za życie i czas, będę pracować ciężko nad tym, co najważniejsze. A ponieważ jestem przekonany, że wszystko spoczywa w Twoich rękach, bardziej niż na sprawach do załatwienia spróbuję skupić się na traktowaniu ludzi z życzliwością i szacunkiem.

Rozdział 4

Cierpliwość prowadzi do pokoju

Stary wiersz o cierpliwości, którego autorstwo przypisuje się Johnowi Deweyowi, brzmi następująco:

> Cierpliwość jest cnotą wielką,
> Mieć ją to nie lada rzecz.
> U kobiety jest rzadkością,
> U mężczyzny – próżno szukać jej[6].

Oczywiście, podobnie jak większość generalizacji, i ta nie jest do końca zgodna z prawdą, ale wyraża to, że cierpliwość jest cechą równie rzadką, jak dobrą. A jest dobra, ponieważ poprzedza pogodę ducha.

Cierpliwość zwykle kojarzy się nam ze zdolnością do niepoddawania się i czekania na właściwy moment. Oznacza ona jednak coś więcej. Cierpliwość (od łacińskiego słowa *patior* – 'cierpieć'!) tak naprawdę jest tożsama ze zdolnością znoszenia czegoś z trudem. Najbardziej zgadzam się z definicją podawaną przez dictionary.com: „Znoszenie prowokacji, powodów rozdrażnienia, niepowodzenia czy bólu bez narzekania, utraty panowania nad sobą, irytacji i tym podobnych". To całkiem dobre podsumowanie.

Z tej perspektywy łatwo zrozumieć, dlaczego cierpliwość jest tak ważną cnotą, jeśli pragniemy osiągnąć szczery pokój duszy. Złe czy trudne doświadczenia będą nas spotykały zawsze, ale jeśli każde z nich będzie w stanie wyprowadzić nas z równowagi, zdamy się na łaskę losu, ciągłych wzlotów i upadków. Jeżeli z pokoju ducha jest w stanie ograbić nas ktoś, kto zajeżdża nam drogę na autostradzie, to co to za pokój? Jeśli jesteśmy szczęśliwi tylko wtedy, gdy wszystko układa się dobrze, a w przeciwnym wypadku poddajemy się niezadowoleniu, nigdy nie odnajdziemy prawdziwej i trwałej pogody ducha.

Prawdy te z pewnością odnoszą się nie tylko do spraw istotnych, lecz także do tych drobniejszych. Od razu przychodzi mi na myśl kilka pozornie nieistotnych rzeczy, które irytują mnie mocniej niż powinny. Nie lubię długich spotkań. Nie cierpię przedłużających się rozmów telefonicznych. Szczerze nie znoszę choćby najmniejszych oznak zachowań pasywno-agresywnych. Gdybym się nad tym zastanowił, znalazłoby się tego jeszcze więcej. Ale wiesz co? Jestem przekonany, że innych ludzi drażnią moja skłonność do wymigiwania się od długich spotkań czy rozmów telefonicznych i moje reakcje na zachowania pasywno-agresywne.

Jeśli skupimy się na tym, co nam przeszkadza, nigdy nie odnajdziemy pokoju. Zdamy się wtedy na łaskę otaczających nas ludzi. Pogoda ducha, by pogodzić się z tym, czego nie możemy zmienić, musi zawierać w sobie zdolność do okazania cierpliwości wobec tych wszystkich spraw oraz postanowienia, że nie zmienią one naszego stanu umysłu i serca. Ja w trakcie długich rozmów modlę się: „Jezu, obdarz mnie choć kawałeczkiem tej cierpliwości, którą na co dzień mi okazujesz".

Choć nie jesteśmy w stanie uniknąć problemów w życiu, możemy wybrać, jak będziemy sobie z nimi radzić. Możemy być zgorzkniali i rozżaleni – czy to z powodu rzeczywistych zmartwień, czy też z obawy, że kłopoty mogą czaić się tuż za rogiem. Możemy też wybrać życie w pokoju pomimo obecnych perypetii, a także w pewności, że nie przydarzy nam się nic, czego we współpracy z Bożą łaską nie będziemy w stanie udźwignąć.

Mówiąc o pogodzie ducha, by przyjąć to, czego nie możemy zmienić, szczególnie odnosimy się do przykrych doświadczeń. Mówimy także o cierpliwości – o zdolności do życia w trwałym pokoju pomimo negatywnych aspektów naszego bytowania, które zmienilibyśmy, gdyby było to możliwe.

Nawet jeśli nie jesteś biblistą, pewnie znasz słynny *Hymn o miłości* spisany przez Świętego Pawła. Każdy, kto kiedykolwiek uczestniczył w chrześcijańskim ślubie, słyszał ów fragment jako wezwanie dla par, by rozpoczęły małżeńskie życie w prawdziwej wzajemnej miłości. Paweł wymienia kolejne cechy miłości. „Miłość [...] uprzejma jest", pisze. „Miłość nie zazdrości, nie przechwala się, nie unosi się pychą", dodaje. I dalej: „[...] nie szuka swego, nie unosi się gniewem, nie pamięta złego, nie cieszy się z nieprawości, lecz raduje się z triumfu prawdy". Pośród tych wszystkich pięknych cech jako pierwszą wymienia cierpliwość. „Miłość jest cierpliwa". Tak naprawdę nie będziemy w stanie kochać, jeśli nie będziemy potrafili znieść wad czy niedostatków drugiej osoby. Miłość, która nie jest cierpliwa, nie jest prawdziwą miłością. A jak można być prawdziwie pogodnym, jeśli nie jesteśmy w stanie kochać?

Jeśli miłość jest cierpliwa, a Bóg jest miłością, oznacza to, że Bóg jest cierpliwy. Tej lekcji udzielił mi jeden z moich byłych parafian. Scott i jego żona przechodzili kryzys i przyszli do mnie po poradę duchową. Krótko po ślubie Scott zorientował się, że jego żona ma większe kłopoty z samokontrolą i gniewem, niż przypuszczał. Przed ślubem dostrzegał oznaki tego problemu, ale było to nic w porównaniu z tym, czego świadkiem stał się później. Racjonalne sprzeczki przeradzały się w kłótnie, a niekiedy kończyło się nawet na rękoczynach. W ciągu dnia Jill wysyłała mnóstwo natarczywych wiadomości, które miały zaognić konflikt. Gdy Scott pojawił się u mnie, był załamany. Było mu wstyd, że niedawno zawarte małżeństwo tak szybko się rozpada. Czuł się złym mężem i obawiał się, że dorastanie w domu wypełnionym agresją będzie miało wpływ na psychikę ich nowo narodzonej córki.

Po kilku sesjach kierownictwa duchowego zaleciłem Scottowi i Jill wizytę u terapeuty rodzinnego. Tak jak Scott przypuszczał, Jill odmówiła. Trzy miesiące później, gdy Scott przeprowadził się do hotelu, by uciec od przemocy w domu, Jill zgodziła się jednak na jedną wizytę. Okazało się, że cierpi na zaburzenia afektywne dwubiegunowe. Gdy Scott przyszedł, by mi to oznajmić, uśmiechał się od ucha do ucha. Byłem pewien, że nastąpił wielki przełom. Z jakiego innego powodu byłby tak szczęśliwy? Tak naprawdę nie było jednak lepiej. Jill odrzuciła diagnozę lekarską i odmówiła leczenia. Wydało mi się to bardzo niepokojące, ale Scott widział to inaczej.

— Moja żona jest chora — powiedział. — Kobieta, którą poślubiłem i kocham, potrzebuje lekarza. Powodem, dla którego nie chce spełniać jego zaleceń, jest to, że choroba nie pozwala jej dostrzec własnego stanu. To nie jej wina; oznacza to jedynie, że muszę bardziej postarać się o jej zdrowie bez jej pomocy.

Pół roku później Scott przyszedł do mnie ponownie. Kiedy spytałem go o samopoczucie, odpowiedział, że radzi sobie świetnie.

– A Jill?

– Wciąż jest bardzo chora i nadal nie chce pomocy. Ale wydaje mi się, że wkrótce może się zgodzić na powrót do terapeuty lub lekarza.

Nie uznałem tych wieści za dobre. Z wielu względów Scott miał trudniej. Jill miała powody, by sądzić, że chciał dać jej do zrozumienia, iż zgadza się z lekarzem co do planu jej leczenia. Miała więcej powodów do gniewu. Nigdy nie zapomnę jednak duchowej dojrzałości, jaką wykazał się wtedy Scott. Wciąż był zdruzgotany, ale już nie pogrążał się w rozpaczy.

– Jak się dogadujecie? – spytałem. – Dobrze się czujesz?

– O dziwo, naprawdę dobrze sobie radzę – odpowiedział. – Punktem zwrotnym było dla mnie zdanie sobie sprawy z tego, że Jill jest chora. Ale wielka chwila nadeszła, gdy w drodze z pracy do domu wstąpiłem do kościoła. Chciałem nabrać sił przed powrotem do domu i konfrontacją z Jill. Nie wiem, co to było. Nie usłyszałem głosu z nieba ani niczego podobnego, ale nagle pomyślałem o tym, ile cierpliwości w ciągu mojego życia okazał mi Bóg. Spojrzałem na siebie oczami Boga – jak na chorego pacjenta wymagającego cierpliwości. Kiedy tamtego dnia wróciłem do domu, po raz pierwszy od wielu miesięcy przytuliłem Jill. Od tamtej pory codziennie staram się zrobić coś wyjątkowego, sprawić jej jakąś miłą niespodziankę. Czasami źle to odbiera. Ale w głębi serca wiem, dlaczego to robię. Jako naśladowca Jezusa, który niósł ciężar mojego grzechu, jestem powołany do cierpliwego dźwigania brzemienia ukochanej osoby.

Cierpliwość oznacza również zdolność czekania. Jedna z trudności związanych z byciem cierpliwym polega na tym, że pewne zachowania przychodzą z oporem. W tym kontekście cierpliwość jest również cnotą biblijną. W Psalmach czytamy, że powinniśmy czekać na przyjście Pana. Na przykład Psalm 27,14 zachęca nas: „Nadzieję w Jahwe pokładaj! Bądź mężny i umocnij swoje serce! Ufaj Jahwe!". Zaufanie oznacza cierpliwe czekanie, oczekiwanie zaś wymaga odwagi, „umocnienia serca" (świetne określenie!). Jeśli nie zaczekamy, nie otrzymamy wielu błogosławieństw, które Pan dla nas przygotował. Pan nie jest Bogiem ekspresowych napraw i błyskawicznych wymian duchowego oleju, ale długoterminowych i prawdziwie wiecznych obietnic. Ćwiczmy naszą cierpliwość nie tylko wobec innych ludzi, lecz także wobec samego Boga! Ostatecznie to w oczekiwaniu na Pana uczymy się Mu ufać, ponieważ Jego odpowiedzi wymagają czasu.

Dobra wiadomość jest taka, że cierpliwość to sowicie nagradzana cnota. Bóg jest wierny. Dotrzymuje obietnic.

...

Panie, nie jestem zbyt cierpliwy. Ale dziś z wiarą i miłością poniosę każdy ciężar, jaki dla mnie przeznaczysz, a uczynię to z miłości do Ciebie i otaczających mnie osób. Obdarz mnie łaską oczekiwania pełnego nadziei, ponieważ wiem, że będziesz wierny swoim obietnicom.

ROZDZIAŁ 5

Bóg nigdy nie zostawia nas samych

Kiedy mówimy o pogodzeniu się z tym, czego nie możemy zmienić, uznajemy własną niemoc wobec wielu aspektów naszej egzystencji. Nie możemy nagle urosnąć, zmądrzeć (choć spędzanie mniejszej ilości czasu przed telewizorem mogłoby tu pomóc), odmłodnieć (nieważne, ile godzin będziemy ćwiczyć na siłowni) i wypięknieć (takowe próby zwykle przynoszą odwrotny skutek). A to dopiero początek. Gdyby sporządzić listę spraw, na które nie mamy wpływu, ciągnęłaby się ona kilometrami. Nie jesteśmy w stanie zaradzić głodowi na świecie, nie możemy załatać dziury budżetowej, nie potrafimy wyleczyć raka ani zmienić drugiego człowieka. Lista spraw niedających się zmienić przytłacza kilka aspektów życia, na które mamy wpływ.

Zaduma nad tą nierównowagą między rzeczami możliwymi i niemożliwymi do zmiany byłaby raczej zasmucająca, jeśli nie zastanowilibyśmy się też nad obecnością i działaniem Boga w naszym życiu i na świecie. Bóg może zmienić wszystko, jeśli taka jest Jego wola. A jeśli nie, nie ma powodu do zmartwień. Mamy tę pewność, ponieważ Bóg powtarza nam nieustannie przez Pismo Święte, że jest z nami, troszczy się o nas i zapewni nam wszystko, czego potrzebujemy. W Psalmie 23 czytamy:

„Choćby mi przyszło kroczyć w mrocznej dolinie, nie będę się lękał zła, bo Ty jesteś ze mną".

Życie z wiarą w nieustanną Bożą obecność tworzy kontekst dla stawiania czoła własnym ograniczeniom. Żyjemy w wolnym kraju, mamy wolną wolę, możemy robić to, na co mamy ochotę. Ale jeśli mamy być szczerzy, musimy przyznać, że istnieją pewne bariery dla naszej wolności. Jest wiele rzeczy, których po prostu nie możemy zrobić. Czasami są to ograniczenia wynikające z przyczyn logicznych (np. nie jesteśmy w stanie narysować kwadratowego koła), innym razem – bariery fizyczne, intelektualne czy moralne.

Pogodzenie się z tym wszystkim ma swój początek w rozpoznaniu niedoskonałej rzeczywistości. Nim osiągniemy pogodę ducha, odwagę i cierpliwość, musimy stawić czoła faktom. Istnieją w naszym życiu sprawy, które nie toczą się po naszej myśli. Niewielu ludzi naprawdę lubi swoją pracę. Życie w małżeństwie, nawet dobrym, często jest trudniejsze, niż wydawało nam się w dniu ślubu. A nasze przywary, złe przyzwyczajenia i wszystko to, co powstrzymuje nas przed stawaniem się lepszymi, jest jak najbardziej aktualne i rzeczywiste. W miarę upływu życia okoliczności zmuszają nas do weryfikacji marzeń i oczekiwań z młodości.

Kiedy ideały upadają, a rzeczywistość zdaje się istną udręką, nasze niedostatki i ograniczenia mogą prowadzić do zgorzkniałej postawy. Ale nie musi tak być – większa samoświadomość i akceptacja mogą prowadzić ku głębszej wierze.

Ograniczenia naszej wolności nakładane przez teraźniejsze okoliczności nie muszą umniejszać naszej godności ludzkiej. Mogą nas wręcz uszlachetniać. Dzięki słabościom potrzebujemy innych i stajemy przed Bogiem w prawdzie o naszej zależności od Niego. W ciągu życia „twardy indywidualizm", który tak się obecnie hołubi, okazuje się fikcją. Kruchość jest częścią człowieczeństwa. W gruncie rzeczy jesteśmy o wiele słabsi, niż chcemy przyznać.

Jeśli jednak mamy całkowicie zawierzyć nasze życie Bogu, kruchość ta może stać się powodem do obaw. Ale kiedy będziemy się modlić, jak nauczył nas Jezus („przyjdź królestwo Twoje, bądź wola Twoja jako w niebie, tak i na ziemi"), słabość okaże się naszą siłą. Jesteśmy dość silni, by modlić się o Bożą interwencję. Jesteśmy dość silni, by przyznać się do słabości. Jesteśmy dość silni, by wołać do Boga niczym dzieci w potrzebie. Jesteśmy dość silni, by modlić się o wypełnienie Bożej woli, nieważne, jaka ona jest. Oto duchowy geniusz zapisany w zaskakujących słowach Świętego Pawła: „Kiedy bowiem odczuwam słabość, wtedy właśnie jestem mocny" (2 Kor 12,10).

Kolejny fragment *Ojcze nasz* wymaga jeszcze większej pokory: „Chleba naszego powszedniego daj nam dzisiaj…". Jezus nie każe nam modlić się o zabezpieczenie emerytalne, bogactwa ani najlepsze rozwiązania. Zamiast tego zachęca nas do proszenia o to, czego potrzeba nam dziś. Bóg wszechświata, który mógłby zaspokoić każdą możliwą potrzebę, chce mnie karmić każdego dnia!

Bóg z definicji jest doskonały i nas nie potrzebuje, dlatego Jego pragnienie, byśmy żyli przez Niego dzień po dniu, musi służyć naszemu dobru. Byłem świadkiem przemian wielu ludzi, którzy z przeciętnych stali się bardzo wierzący i szczęśliwi – właśnie dzięki doświadczeniu zależności od Jezusowego „chleba powszedniego". Mój wujek Dexter przez wiele lat pracował jako architekt w dużej firmie w Nowym Jorku. Sam mówił o sobie, że jest pracoholikiem. Ślęczał w biurze do późnych godzin, nawet w weekendy, i dawał z siebie sto procent, by jego firma odniosła sukces. W wyniku kryzysu finansowego w roku 2008 nowa budowa w Nowym Jorku znacząco się opóźniła i firma wujka musiała zwolnić część pracowników, aż w końcu upadła. Nieco po sześćdziesiątce Dex stracił zatrudnienie, a rynek pracy woli przecież młodych specjalistów, którzy będą pracować za grosze. Wujek Dex szukał nowej posady przez ponad rok – bez skutku. Wraz z żoną, ciotką Mary Ellen, postanowili opuścić miasto i pojechać do Teksasu, aby poszukać nowych możliwości. Był to dla nich dotkliwy cios – zarówno na gruncie osobistym, jak i zawodowym.

Prawie od razu po przyjeździe do Austin wujek się rozchorował. Mocno schudł i opadł z sił. Odczuwał wielki ból. Mijały miesiące i lata. Ciotka i wujek odwiedzili już chyba wszystkich lekarzy i szpitale w poszukiwaniu diagnozy. Do dziś nie znaleźli odpowiedzi. Dex żyje, ale doświadcza takiego cierpienia, jakiego nie sposób sobie wyobrazić.

Większość ludzi nie wie, że w ciągu ostatniego roku w Nowym Jorku i pierwszych miesięcy w Austin Bóg wyrabiał swoje nadgodziny w duszy Dexa, a Dex z Nim współpracował. Nikt nie wiedział, że Dex znów zaczął chodzić do kościoła i wstąpił do wspólnoty dla dorosłych. Wujek utrzymał tę duchową podróż w tajemnicy i dyskretnie otworzył duszę przed Bogiem.

Nie miałem pojęcia zarówno o powadze stanu zdrowia wujka, jak i o intensywności jego podróży duchowej dopóty, dopóki nie zatrzymałem się u wujostwa w Austin na kilka dni. To wtedy po raz pierwszy usłyszałem opowieść Mary Ellen i Dexa o tym, jak to modlitwa o „chleb powszedni" – łaskę Bożą w danej chwili – przemieniła ich życie. Później Dex tak opisał to w liście:

> Cześć, Jonathanie.
> Chyba wspominałem Ci wielokrotnie, że odnalazłem siebie, siedząc w kościele św. Ignacego, do którego wstąpiłem w drodze do Central Parku podczas naszego ostatniego roku w Nowym

Jorku: niczego wówczas nie oczekiwałem ani nie chciałem. Otrzymałem dar rozpoznania, że cokolwiek się stanie, Boża miłość do mnie i moja miłość do Niego zapewnią, iż każdy dzień będzie pełen wszystkiego, czego mógłbym zapragnąć. Był to piękny dar, który otrzymałem w samą porę w domu Bożym, do którego wiedziałem, że należę.

Potwierdziłem przyjęcie tego daru do serca, kiedy później przyjąłem bierzmowanie.

Mniej więcej w tym samym czasie kapłan, który wiedział, że mamy się przeprowadzić, powodowani niepokojem o znalezienie pracy, porozmawiał ze mną i Mary Ellen o planowaniu. Przypomniał nam, że robienie planów na zapas jest dobre… ale nie można brać pod uwagę zbyt długiego czasu. To nasze codzienne życie, wzajemna miłość, miłość do Boga i bliźnich zapewnią nam świeży i pożywny chleb powszedni. Kiedy planuje się z wyprzedzeniem… chleb robi się czerstwy. „Wiecie, jak manna, która spadła na ziemię, leży tam i pleśnieje", powiedział i wybuchnął śmiechem.

Nigdy nie zapomnimy tego życzliwego pożegnania.

Wuj Dex napisał więcej, ale nim zaczniesz czytać dalej, spytam, czy dostrzegasz, w jaki sposób Bóg działał za kulisami jego życia? Dex miał dobry cel: chciał znaleźć nową pracę. Ale Boży cel wobec niego był o wiele większy i ważniejszy: Pan pragnął obdarzyć Dexa trwałym pokojem, jakiego mój wujek poszukiwał poprzez osobistą relację z Nim. Bóg przygotowywał także Dexa na o wiele większe wyzwanie, z którym wkrótce miał się on zmierzyć.

A potem niespodziewanie zachorowałem. Żmudny proces zdrowienia – i sprawy poboczne, które nadal wymagały uwagi – pozwolił mi (i Mary Ellen) jeszcze pełniej pojąć przesłanie naszego zaprzyjaźnionego kapłana z Nowego Jorku. „Chleba naszego powszedniego daj nam dzisiaj".

Widziałem, jak rodzina i przyjaciele się o mnie martwią [...], patrzyli na mnie, schorowanego jak nigdy dotąd. Mój syn Matt powiedział: „Tato, to do ciebie niepodobne. Ty nigdy nie chorowałeś". Widziałem jego niedowierzanie, czułem jego lęk i zakłopotanie.

Miłość Mary Ellen i jej determinacja, bym wydobrzał, jeszcze bardziej nas do siebie zbliżyły. Ale u każdego członka rodziny i niektórych przyjaciół – zatroskanych, zakłopotanych, kochających, pełnych wsparcia – dostrzegałem cierpienie, które powodowała moja choroba.

Starałem się pokazywać postępy. W każdą niedzielę rano uczestniczyłem we wszystkich spotkaniach dorosłych przygotowujących się do bierzmowania; obchodziliśmy wszystkie uroczystości; wspólne grille i pływanie stanowiły radosny czas. W naszym życiu zaznaczały się jednak troska i cierpienie rodziny, wyraźne chwile skrępowania stanowiące element próby złączenia się z bólem bliskiej osoby, utrata poczucia pewności codziennej rutyny i rodzinnej stabilizacji. Najbardziej martwiłem się o wpływ choroby na moich bliskich.

Ale pośród tego nowego, znaczącego wyzwania, pod koniec każdego dnia – rano nie wiedzieliśmy, co nas czeka – Mary Ellen i ja dziękowaliśmy Bogu za wielki dar chleba powszedniego [...], niespodziewaną łaskę lub błogosławieństwo, niewytłumaczalną siłę i wsparcie.

Ów „dar" był niewidoczny i niemierzalny. Dar ten był w naszych sercach [...], jego opiekuńcza siła otrzymana w kościele [...], obecność [...] trwały nieustannie, tak jak nieustannie trwa Boża miłość.

Wielką łaską Dexa było doświadczenie tego, że Bóg nigdy nie zostawia nas samych, a jeśli to dopuszcza, obdarza nas wszystkim, czego potrzebujemy po to, by nie tylko przetrwać, lecz także stać się lepszymi.

Bóg odgrywa w naszym życiu o wiele ważniejszą rolę, niż przypuszczamy. Działa nawet wtedy, gdy Go nie dostrzegamy. Jezus porównuje działanie Ducha Świętego do wiatru (J 3,8): nie możemy go zobaczyć, możemy jedynie doświadczyć jego skutków. Papież Benedykt XVI napisał kiedyś: „Bóg nie jest więźniem swej wieczności i nie jest ograniczony do tego, co duchowe, tylko tutaj i dzisiaj, pośród tego świata, może działać"[7]. (tłumaczenie) Choć czasami wydaje się tak odległy, w rzeczywistości jest bliżej, niż możemy to sobie wyobrazić. Jest naszą skałą i twierdzą. Im bardziej na Nim polegamy, tym więcej w nas pokoju.

Nasza niezdolność do zmiany pewnych rzeczy nie oznacza zatem bezczynnej rezygnacji, fatalizmu czy defetyzmu, a raczej trzeźwy realizm. Przyjmujemy przygodę ludzkiego życia taką, jaka jest, z całą jej wspaniałością i tajemnicą. Musimy także stawić czoła wyzwaniu wzrastania w ufności wobec Boga. On zmieni to, co chce zmienić, musimy więc po prostu radzić sobie z całą resztą, mając przy tym świadomość, że nie jesteśmy sami.

Pierwotny program „dwunastu kroków", opracowany z myślą o anonimowych alkoholikach, dociera do istoty zasady pogodnej akceptacji tego, czego nie mamy mocy zmienić, a także ufnego zwrotu ku Bogu. Pierwszy krok wymaga szczerego uznania naszej całkowitej niemocy, szczególnie (w wypadku AA) przezwyciężenia alkoholizmu. W drugim kroku rozpoznajemy „siłę wyższą", „większą od nas samych", która sama może rozwiązać nasz problem. Trzeci krok wymaga decyzji, by „powierzyć naszą wolę i nasze życie opiece Boga, jakkolwiek Go pojmujemy".

Nieważne, czy jesteśmy uzależnieni, czy nie: przyznanie się do bezradności wobec wielu spraw to ogromny krok w stronę wewnętrznego pokoju, ponieważ prowadzi to do ufnego zawierzenia prawdziwej sile, która potrafi wszystko zmienić. Sedno tej lekcji duchowej tkwi w prawdzie, że Bóg jest prawdziwy i nadzwyczajnie dobry. *Modlitwę o pogodę ducha* rozpoczynamy od zwrotu nie do siebie, do wewnątrz, lecz na zewnątrz, do Boga jako „Pana". Rozpoznawszy swoją potrzebę, prosimy: „Panie, użycz mi…". Czynimy to w wierze w obecność Boga, w Jego zdolność pomocy i obietnicę, że zadziała.

…

Panie, dziękuję Ci za wszystkie wydarzenia w moim życiu, które objawiają mi potrzebę Ciebie. Powierzam Twojej opiece nie tylko swoje nadzieje i pragnienia, lecz także słabości i grzechy. Weź, Panie, wszystko, kim jestem i pragnę być. Dziś będę pamiętał o tym, że nie zostawiasz mnie samego i zawsze będziesz ze mną.

Rozdział 6

Skoro Bóg może to zmienić, dlaczego tego nie robi?

Gorąca modlitwa o to, by pogodzić się z tym, czego nie mogę zmienić, okazuje się prawie niemożliwa, jeśli w jakimś stopniu nadal obwiniam Boga za to, że nie dokonał owych zmian. Pokusa nieufności, zrzucania winy i żalu do Boga jest całkowicie ludzka. „Gdybym był Bogiem, zrobiłbym to inaczej. Pewnie wyeliminowałbym głód, powodzie i trzęsienia ziemi. Dwa razy bym się zastanowił, zanim stworzyłbym niektórych ludzi, którzy spowodowali cierpienie wielu innych. Komary mogłyby zniknąć i nikt by za nimi nie płakał. W sobie też zmieniłbym kilka rzeczy, pozbyłbym się kilku niepotrzebnych skaz moralnych i fizycznych".

Większość z nas ma świetne pomysły na to, jak uczynić świat lepszym. Dlaczego więc Bóg tego nie robi? Przecież to jasne, jak można by wszystko poprawić. Czy On tego nie łapie? Czy nie troszczy się o cierpiące dzieci tak bardzo jak my? O biednych, którzy kładą się spać głodni? O bezrobotnych?

Muszę wierzyć, że się troszczy. A właściwie wierzę, że troszczy się o wiele, wiele bardziej ode mnie. Jednocześnie dba o nas tak bardzo, że dopuszcza, by nasza wolna wola przynosiła realne konsekwencje. Żyjemy w upadłym świecie, ponieważ pierwsi rodzice odrzucili Boga i Jego porządek stworzenia w raju. Chcieli postawić na swoim. Bóg uszanował ich decyzję. I my chcemy postawić na swoim, a Bóg to respektuje.

Z drugiej strony, wyobraź sobie, że za każdym razem, gdy próbowalibyśmy wyrządzić zło, Bóg podejmowałby interwencję, chronił nas i innych przed szkodą. Bylibyśmy lekko ulepszonymi robotami. Wolna wola bez konsekwencji to fikcja.

Bóg zechciał zaryzykować obecność zła na świecie na rzecz wejścia z nami w relację miłości. Dla Niego każdy akt ludzkiej miłości jest drogocenny.

Boża miłość do nas sięga jeszcze dalej. Choć zgrzeszyliśmy i postawiliśmy na swoim, Bóg obiecuje nam, że z każdego przypadku cierpienia i grzechu na świecie wydobędzie dobro nawet większe od tego, które utracono i którego teraz żałujemy. Najdoskonalsze spełnienie tej obietnicy dostrzegamy w osobie Jezusa Chrystusa, który oddał swe życie, byśmy mogli żyć z Nim w wieczności, gdzie zostaną otarte wszelkie łzy.

Z tego powodu możemy mieć pewność, że Bóg wie, co robi. Skoro nie urządził świata po mojemu, to ja jestem słaby i krótkowzroczny, a nie On. Pewnego dnia wszyscy zrozumiemy, że wszystko miało swój cel i stanowiło część cudownej symfonii Bożej dobroci. Niektórzy ludzie nazwą to obietnicami gruszek na wierzbie, wiarą w bajki czy marzycielstwem. Nie sądzę, żeby tak było w istocie. Moja ufność w to, że Bóg wie, co robi, bierze się nie tylko z historii Bożego przymierza z ludźmi, o którym czytamy w Biblii, lecz także z doświadczenia Bożej dobroci w moim życiu.

Jeśli nie pojmujemy, dlaczego jest tak, jak jest, mamy dobry powód, by uwierzyć Bogu na słowo.

Życie kryje w sobie wiele tajemnic i chyba żadna z nich nie frapuje nas równie mocno jak tajemnica złego. Święty Jan Paweł II sześć rozdziałów swojej ostatniej książki (*Pamięć i tożsamość*) poświęcił zagadnieniu, któremu nadał miano *mysterium iniquitatis* ('tajemnica nieprawości'). Od zawsze głowili się nad nim zarówno filozofowie, jak i zwykli ludzie. Bardzo trudno zrozumieć, dlaczego wszechmocny Bóg, który jest samym dobrem, pozwala na cierpienie. Częściowo da się to wyjaśnić zwykłym poszanowaniem przez Niego ludzkiej wolności (ponieważ cierpienie zwykle wynika ze złych wyborów człowieka), ale istnieje wiele spraw, które wymykają się takim tłumaczeniom. Co z trzęsieniami ziemi i powodziami? Co z dziećmi z wadami wrodzonymi? Co z dotkliwymi chorobami i katastrofami?

Istnieje tylko jedno zadowalające wyjaśnienie. Bóg musi być w jakiś sposób zdolny do stawiania zła na głowie i wyprowadzania z niego dobra. Musi być w stanie poprowadzić najstraszniejsze tragedie do szczęśliwego zakończenia. W książce Jana Pawła II filozoficzne studium wcieleń zła w historii przeradza się w szerszą teologiczną refleksję nad korzeniami zła samego w sobie oraz zwycięstwa odkupienia. Według papieża, zło nigdy nie było totalne ani absolutne. Zawsze ogranicza je dobro. „Jeśli odkupienie jest tą boską miarą wyznaczoną złu, to nie dla czego innego, jak tylko dlatego, że w nim zło zostaje w sposób radykalny przezwyciężone dobrem, nienawiść miłością, śmierć zmartwychwstaniem"[8]. Święty Augustyn również bardzo dobrze to ujął: „Albowiem za lepsze to uważał, by złe na dobre obrócić, aniżeli nie dopuścić do istnienia zła żadnego"[9].

Często myślę, że to właśnie ważne objawienie Wielkiego Piątku. Ta coroczna uroczystość upamiętnia największe zło, jakiego dopuścił się człowiek – dzień, w którym skazaliśmy

Boga na śmierć. Symbolizuje człowiecze odrzucenie miłości, czystości, niewinności i dobroci, kiedy przybiliśmy Boga do drewnianego krzyża. Z tego szczytu ludzkiego zła Bóg wydobył jednak największe dobro: nasze odkupienie. Jak napisał kiedyś Joseph Ratzinger: „W głębi upadku człowieka objawia się niewyczerpana głębia miłości Bożej"[10] (tłumaczenie). Bóg wziął zło i rozwalił je od środka, przemienił trujący jad w nektar, a żądło – w uzdrawiającą maść.

Skoro Bóg potrafi wyprowadzić niezmierzone dobro ze zła Wielkiego Piątku, z pewnością umie również przemienić drobniejsze zło z naszego życia w pudełka z niespodzianką, w których czeka na nas nieoczekiwana łaska.

...

Jezu, nie wiem, dlaczego pewne rzeczy mi się przydarzyły ani dlaczego moi bliscy muszą tak cierpieć, ale dziś potwierdzam swoją wiarę w to, że Ty znasz powód. Panie, obiecuję iść do przodu z przekonaniem, że Ty wyprowadzisz większe dobro z każdego zła i cierpienia w moim życiu i na świecie. Kocham Cię, Jezu.

Rozdział 7

Mamy wszystko, czego nam trzeba

Kiedy zaczynasz się pakować przed długą podróżą? Przyjaciele denerwują się na mnie, ponieważ ja zwykle pakuję się w drodze na lotnisko. Jak się domyślacie, potrzebuję dużo czasu i docieram na miejsce w ostatniej chwili. Każdy ma swój schemat działania. Niespecjalnie imponują mi ludzie, którzy zaczynają się pakować tydzień lub dwa przed odlotem tylko po to, by upewnić się, że nie zapomną podstawowych rzeczy.

Chciałbym myśleć, że moje postępowanie jest bardziej wyważone, ponieważ nie widać w nim takiej potrzeby kontroli każdego szczegółu. Ale tak naprawdę jestem całkowicie pewien tego, że moje ryzykowne i spontaniczne podejście to jedynie inny sposób wyrażania tego samego pragnienia kontroli, które tak bardzo nie podoba mi się u innych. Postanawiam nie pakować się wcześniej, ponieważ istnieje wiele innych spraw wymagających mojej uwagi, które muszę skontrolować najpierw.

Zdrowy człowiek lubi czuć, że ma wszystko pod kontrolą. To instynkt przetrwania. Pogoda ducha, o którą prosimy Boga, to jednak stan osiągany dzięki wyrzeczeniu się naszych daremnych prób sprawowania kontroli nad niekontrolowalnym. Prosimy Boga o pogodę ducha, by puścić lejce, kiedy kurczowe trzymanie ich i tak w niczym nam nie pomaga.

Ważnym krokiem prowadzącym do osiągnięcia pogody ducha jest zdanie sobie sprawy z tego, że do szczęścia potrzeba bardzo niewiele. Jakiś czas temu poruszył mnie fragment Ewangelii, który wcześniej niewiele dla mnie znaczył. Jezus instruuje uczniów, po czym posyła siedemdziesięciu dwóch – parami – na pierwszą misję: mają przygotować na Jego wizytę mieszkańców różnych miast rozsianych po Palestynie. Zaskakujące jest to, że Pan nie wyposaża ich na drogę; mało tego, ogołaca ich. Odbiera im nie tylko rzeczy zbyteczne, lecz także te, które uznalibyśmy za przydatne albo nawet konieczne. Jego polecenia są równie szczegółowe, co dziwaczne: „[...] Nie bierzcie nic na drogę: ani laski, ani torby, ani chleba, ani pieniędzy. Nie miejcie też dwóch sukien" (Łk 9,3).

Przed podróżą sporządzamy w głowie listę rzeczy, których potrzebujemy: szczoteczka do zębów, piżama, paszport, iPad, brewiarz, kurtka... Ta lista ciągnie się i ciągnie. Ale Jezus wydaje się bardziej martwić tym, czy uczniowie nie wezmą za dużo, niż tym, żeby nie zapomnieli o czymś ważnym. O co tutaj chodzi? Dlaczego Pan naciska na tak radykalną skromność? Uczy ich – i nas – zaufania. Chce, by uczniowie nie zawracali sobie głowy niepotrzebnymi rzeczami, a nawet czuli się nieco mało komfortowo – po to, by mogli bardziej polegać na Bożym prowadzeniu niż na zawartości tobołków. Tak naprawdę nie dowiemy się tego, jak bardzo Bóg się o nas troszczy, jeśli nie pozbędziemy się wielu zabezpieczeń, z których korzystamy w życiu.

Bóg nigdy nie obiecywał, że spełni każde nasze pragnienie. Ale większość naszych pragnień i tak nie jest dla nas zbyt dobra. Nawet Rolling Stonesi doszli do tego prostego wniosku: „Nie zawsze możesz dostać to, czego chcesz, ale jeśli spróbujesz, możesz czasem [...] dostać to, czego potrzebujesz"[11].

Bóg nie wyposaża nas na życiową misję, ale przecież niczego nam nie brakuje. Jasne, że chcielibyśmy korzystać z najnowszych technologii, wyszkolonego zespołu, nieograniczonego budżetu, a tymczasem często okazuje się, że dostajemy jedynie kilka podstawowych narzędzi i zadanie wydaje się nam karkołomne. Tak najwyraźniej woli Bóg.

To samo odnosi się do naszego życia osobistego. W zanadrzu nie mamy aż tak wielu talentów. Zdajemy sobie sprawę z tego, że brakuje nam cech, które mają inni – mogących dopomóc nam wypełnić życiową misję. Mamy pewne ułomności moralne, wadliwe charaktery i niedoskonałe osobowości. A jednak takimi stworzył nas Bóg i nadal spodziewa się po nas wielkich rzeczy!

Kiedy prosimy o pogodę ducha, by przyjąć to, czego nie możemy zmienić, prosimy o zdolność do radzenia sobie bez rzeczy, których nie chce dla nas Bóg, o przyjęcie naszej zależności od Niego.

Święty Augustyn zauważył, że „nieważne, jak bogatym jest człowiek na ziemi; nadal pozostaje Bożym żebrakiem"[12]. Za każdym razem, gdy odmawiamy *Modlitwę Pańską*, przypominamy sobie o naszym statusie Bożego żebraka. Przychodzimy do Pana z kapeluszem w dłoniach. Co więcej, nie prosimy o bogactwa. Prosimy o „chleb nasz powszedni", a nie o zapas chleba na miesiąc. Oznacza to, rzecz jasna, że nazajutrz wrócimy z tym samym błaganiem. Nie jesteśmy samowystarczalni; żyjemy z Jego dobroci.

Wydaje mi się jasne, że Bóg chce, byśmy zawsze czuli się trochę niekomfortowo wobec siebie i obietnic tego świata, ponieważ wtedy zapragniemy szukać prawdziwego bezpieczeństwa w Nim. Co jakiś czas Bóg potrząsa nami i przypomina, jak bardzo Go potrzebujemy. Moim zdaniem, czyni tak nie po to, by nas umniejszać, lecz by nas wywyższać. Zamiast pokładać ufność w rzeczach, które i tak nas zawiodą, winniśmy zaufać Jemu. Istotnie, w centrum pogody ducha tkwi przekonanie, że mamy już wszystko, czego potrzebujemy.

...

Panie, dziś idę przed siebie z przekonaniem, że z Tobą u boku mam wszystko, czego potrzebuję, by czynić to, co powinienem. Z miłości do Ciebie wyzbywam się teraz każdej krztyny lęku. Ty, Panie, mi wystarczasz.

Rozdział 8

Czar posiadania

Mój przyjaciel Bob przez wiele lat był zupełnie jak król Midas: wszystko, czego „dotknął" w nieruchomościach, przemieniało się w złoto. Przed kryzysem on i jego żona Christine mieli tyle pieniędzy, że choć oboje pochodzili ze skromnych środowisk, zaczęli podróżować prywatnym jumbo jetem, ponieważ przyzwyczaili się do luksusów. Wszystko zmieniło się w roku 2008. Pomimo najlepszych starań, by planować posunięcia z wyprzedzeniem (duże oszczędności, nienarażanie się na ryzyko), Bob po prostu nie mógł przewidzieć zgubnego wpływu kryzysu. Nagle jego firmie zagroził upadek. Mało tego, kryzys pochłonął sporą część rodzinnego majątku.

Okazało się jednak, że cała ta sytuacja wpłynęła na duchowość Boba i Christine. Zawsze byli wierzącymi i praktykującymi chrześcijanami. Myśleli, że pokładają w Bogu głębokie zaufanie. Ale kiedy wielka recesja uderzyła w ich portfele, nagle wiara i zaufanie małżonków zatrzęsły się w posadach. W ich sercach zaczęły rodzić się wątpliwości, a luźne podejście ustąpiło miejsca zgorzknieniu. Starałem się, jak mogłem, by towarzyszyć im w tej próbie, ale w pewnym momencie zerwali ze mną kontakt. Twierdzili, że Bóg nie uchronił ich przed kryzysem.

Przychodzą mi do głowy historie równie majętnych rodzin, które miały podobne przejścia i pokochały Boga jak nigdy wcześniej. Różnica polega na podejściu do materialnych błogosławieństw, jakimi obdarza nas Bóg.

By osiągnąć pogodę ducha, jest konieczny pewien dystans wobec rzeczy materialnych. Bogactwa mogą stać się „bożkami", które wystawią na próbę naszą wierność i ufność Bogu. Pieniądze potrafią dać poczucie siły, pewności, władzy – a czasami nawet zwierzchności nad innymi. Ci, którzy mają więcej, mogą spać spokojnie, bez obaw o to, co włożą do garnka. Biedni nie mogą sobie na to pozwolić.

Aby określić, czy jesteśmy przywiązani do dóbr materialnych, wystarczy zadać sobie pytanie, czy pomagają nam one zbliżyć się do nieba. Jeśli nie, a wciąż nie potrafimy się ich wyzbyć – jesteśmy do nich przywiązani.

Gdy Jezus poleca uczniom, by byli „ubodzy w duchu", nie pragnie ich smutku, ale szczęścia. Duchowe ubóstwo to dystans wobec wszystkiego, co mogłoby przeszkodzić nam w przywiązaniu do Boga i Jego woli dla nas. Chrystus wybrał skrajne ubóstwo jako ścieżkę do zjednoczenia z Ojcem. Urodził się w stajence, a zamiast królewskiej świty towarzyszyli mu biedni pasterze i zwierzęta. Żył wolny od przywiązania do dóbr materialnych; Jego pokarm stanowiło wypełnianie woli Ojca (J 4,34). Nie miał swojego miejsca, dachu nad głową (Łk 9,58). Umarł w biedzie, na surowym drewnianym krzyżu, otoczony zbrodniarzami, a Jego ciało spoczęło w wypożyczonym grobie (Mt 27,60).

Kiedy naśladujemy Chrystusa w ubóstwie, bierzemy udział w Jego pokoju. Chrześcijanin żyjący ze świadomością tego, że jego skarb jest w niebie, pokładający ufność w Bogu, oszczędza sobie wielu niepokojów, jakie niesie ze sobą ten świat.

Psalmy opowiadają o ludziach, którzy ufają bogactwom. Na koniec okazuje się, że ich zaufanie zostało zawiedzione, a nadzieje zniweczone. „Ujrzą to sprawiedliwi i przelękną się, a z niego pośmiewisko uczynią: «Oto człowiek, który nie chciał uznać Boga za swoją ostoję, lecz zaufał wielkim swym bogactwom i siłę swą na występkach opierał»" (Ps 52,8–9).

Duchowe ubóstwo – brak przywiązania do tego, co nie prowadzi nas do nieba – ma jeszcze jedną ważną funkcję: wzbudza w nas wewnętrzną wolność, która wyzwala od niepotrzebnych zmartwień i trosk. Hiszpański mistyk Jan od Krzyża wysnuł ciekawą analogię pokazującą, w jaki sposób przywiązania powstrzymują nas przed prawdziwą wolnością. Stwierdził, że każde przywiązanie, nawet najmniejsze, może oddzielać nas od wolności, jaką przewidział dla nas Bóg. Porównał człowieka do ptaka, który pragnie ulecieć, ale jest przywiązany za nóżkę i nie może się wznieść. „Bo wszystko jedno, czy ptak będzie uwiązany tylko cienką nitką, czy grubą, bo jedna i druga go krępuje; dopóki nie zerwie jednej czy drugiej, nie będzie mógł wzlecieć swobodny. Wprawdzie cieńszą nić łatwiej jest zerwać, lecz choćby było łatwo, dopóki jej nie zerwie, nie wzleci"[13].

Ten rodzaj ubóstwa, którego wymaga od nas Jezus, nie stanowi kary, ale dar. Nie krępuje nas, lecz wyzwala. Dzięki niemu możemy iść przez świat jako pielgrzymi, którzy wiedzą, że ich ojczyzna znajduje się gdzieś indziej. Duchowe ubóstwo powstrzymuje nas przed nadmierną ekscytacją dobrami doczesnymi i zbytnią rozpaczą nad ziemskimi stratami.

Jezus obiecał, że prawda nas wyzwoli (J 8,32). Prawdziwy chrześcijanin jest wolny od nieznośnego ciężaru ziemskich trosk. Dzięki wierze możemy znosić „pociski zawistnego losu"[14], nie ekscytować się zanadto czymś, co nie ma wielkiej wartości dla życia wiecznego, ani nie rozpaczać zbytnio nad utratą ziemskich skarbów. Święty Paweł pięknie opisał wolność i pokój duszy, które niesie ze sobą wewnętrzny brak przywiązań: „Nie mówię tego bynajmniej z powodu niedostatku. Nauczyłem się bowiem przestawać na tym, co mam. Potrafię żyć w nędzy i umiem żyć w dostatku. Zakosztowałem w życiu wszystkiego: wiem, co znaczy być sytym i głodnym, opływać w dostatki i cierpieć niedostatek. Wszystko mogę w tym, który mnie umacnia" (Flp 4,11–13).

Ta wewnętrzna wolność nie pojawia się jednak ot, tak sobie; stanowi owoc realnych wyborów. Musimy świadomie opowiedzieć się za Bogiem i przeciwko zależności od świata. Afektywne ubóstwo (ubóstwo serca) musi znaleźć wyraz w efektywnych działaniach (ubóstwo w praktyce). By doświadczyć radości Pana, musimy pozbyć się nadmiaru spraw i działań, w tym wszystkiego, co nas krępuje i zanadto rozprasza. Nawet dobre rzeczy są dla nas złe, jeśli stają się zbyt ważne; jeżeli czujemy się, jakbyśmy bez nich nie mogli żyć.

Dzięki uproszczeniu swojego życia odgruzowujemy naszą relację z Bogiem, wyzwalamy umysł i serce dla miłości. Taka wolność przekłada się bezpośrednio na pokój ducha.

...

Dzięki Ci, Boże, za materialne błogosławieństwa, jakimi mnie obdarzyłeś. Nie zasłużyłem na nie i nie są mi one konieczne do życia. Uwolnij moje serce od przywiązania do rzeczy, które dziś są, a jutro może ich nie być, bym w wolności i bez miary kochał Ciebie i innych.

Rozdział 9

Wejdź na górę i rozejrzyj się

Jedną z najbardziej pamiętnych kreacji aktorskich wszech czasów stworzyła zachwycająca Julie Andrews – była to rola Marii von Trapp w klasycznym musicalu z roku 1965 pod tytułem *Dźwięki muzyki*. Jeśli któraś ze scen tego filmu zasługuje na miano kultowej, to będzie to fragment, w którym Maria tańczy pośród alpejskiego krajobrazu i śpiewa: „Góry ożywają dźwiękami muzyki". Wysoko nad szarością dnia w dolinie Maria czuje się wolna. Pośród gór odnajduje transcendencję, zyskuje nowe spojrzenie na swoje codzienne życie.

Kiedy spoglądamy w dół z wysokości – dosłownie lub w przenośni – dostrzegamy to, co umyka nam podczas codziennego wysiłku związanego z chęcią utrzymania głowy nad powierzchnią wody. Zyskujemy perspektywę, która pomaga nam odnaleźć pogodę ducha nawet w chwilach, gdy niezmienialne okoliczności są dalekie od ideału.

Kiedy trwamy w kieracie codzienności, życie może wydawać się nam nieprzerwanym pasmem płaczu dziecka, naprawiania kaloryfera, chodzenia do pracy, wracania z niej, wożenia dzieci na treningi, niewysypiania się, zastanawiania się, dlaczego nasz współmałżonek nie kocha nas tak jak wcześniej, i tak dalej. Rzucający się w oczy bezsens codziennych zajęć to jedno z najbardziej dusznych więzień, do jakich możemy trafić. Niczym pracownik fabryki, którego jedynym zadaniem jest przykręcanie tych samych śrub tysiące razy dziennie, czujemy się, jakby każdy dzień był taki sam, mimo że czas ucieka. Byłoby przesadą stwierdzenie, że wszystko zależy od punktu widzenia, ale to prawda: większość zdarzeń i okoliczności w naszym życiu można rozpatrywać różnorako. I często obranie odmiennej perspektywy drastycznie zmienia ocenę sytuacji. Jednym z najważniejszym narzędzi umożliwiających nam zyskanie nowego, bardziej obiektywnego spojrzenia jest dystans. Stary dowcip o blondynce, która nie widzi lasu, bo zasłaniają jej go drzewa, sprawdza się tak naprawdę u większości z nas. Jesteśmy pochłonięci naszymi kłopotami, nie dostrzegamy niczego innego. Trudności są tak widoczne, że przesłaniają błogosławieństwa. Jeśli jednak odsuniemy się od nich, zaczniemy zyskiwać bardziej wyważoną perspektywę.

Doświadczyłem tego mocno, kiedy poprosiłem przełożonych poprzedniego zakonu o półroczny urlop, by móc pracować w parafii w Nowym Jorku i rozeznać, czy Bóg wzywa mnie do zmiany powołania z zakonu (praca misyjna) do pełnienia posługi kapłana w diecezji (praca w parafii). Po przyjeździe do Nowego Jorku niemal od razu zorientowałem się, że powinienem wystąpić z zakonu. Nie spodziewałem się takiej pewności. Czułem się tak, jakby klapki opadły mi z oczu. Ujrzałem to, czego nie dostrzegałem wcześniej. W ciągu wielu lat w zakonie nie byłem w stanie dostrzec – albo nie chciałem widzieć – że na licznych poziomach tej organizacji były wyraźne dysfunkcje i manipulacje. Szybko upadły fałszywe założenia, które uznawałem przez tyle lat. Nagle dostępne stały się zdrowsze drogi dążenia do tych samych celów duchowych. Byłem w stanie ponownie rozważyć niektóre surowe osądy ludzi i instytucji, zacząłem widzieć ich bardziej oczami Jezusa, a jeśli było trzeba, prosić o wybaczenie. Nie wszystko to dotarło do mnie z dnia na dzień, ale uświadomiłem sobie całkiem sporo. To był cud. Bóg uczynił coś, czego ja nie byłbym w stanie zrobić. Potrzebowałem tylko nowego punktu obserwacyjnego, nowego szczytu góry, z którego mógłbym spoglądać i dostrzegać to, co oczywiste. By się tam dostać, musiałem jednak się wspiąć.

Powinienem dodać, że z tego nowego miejsca rozmyślań mogłem dostrzec nie tylko to, co było złe w poprzednich okolicznościach, lecz także ogromne dobro, szczególnie ze strony ludzi, którzy mnie otaczali.

Zauważ, że Jezus często wspinał się na wzgórze lub odchodził na pustynię, by się pomodlić. Nabierał dystansu do codziennych zajęć związanych z działalnością publiczną po to, by porozmawiać z Ojcem i odzyskać klarowne spojrzenie. Na pustyni, pośród surowego krajobrazu, pozbawieni wielu wygód, jesteśmy zmuszeni zająć się tym, co najważniejsze. Na górze troski codziennego życia wydają się małe i nieistotne; zyskujemy w ten sposób szersze spojrzenie na ich miejsce, a także pogodę ducha, by przyjmować to, czego nie możemy zmienić.

Jako chrześcijanie zostaliśmy wezwani do „sakramentalnego" postrzegania rzeczywistości, co oznacza, że pod powierzchnią naszego codziennego życia kryje się głębsza rzeczywistość. Okoliczności życiowe wskazują nam na coś więcej, na duchowe prawdy, i objawiają dzieło Boże. Sprawdza się to nie tylko w wypadku nadzwyczajnych wydarzeń – takich jak chrzest – lecz także podczas wykonywania najbardziej banalnych czynności. Bóg działa zarówno przy ołtarzu czy na sali operacyjnej, jak i – jak mawiała Święta Teresa z Ávili – „pośród garnków". Jest wszędzie, nieustannie działa i wyczekuje nas. Skoro działa „pośród garnków", to z pewnością także w klasie, przedszkolu, biurze, samochodzie, sali konferencyjnej, kuchni czy na boisku. Pragnie, byśmy otworzyli oczy wiary, odkryli Go i żyli w Jego obecności.

Współczesnemu człowiekowi trudno jest uciec w góry, by odzyskać perspektywę, ale istnieje zastępcza forma nabrania dystansu: codzienna modlitwa. Piętnaście minut spędzonych w Bożej obecności może spowodować, że poza troskami i szarością dnia dostrzeżemy światło obfitych łask Bożych. Bycie z Bogiem to bycie w niebie. Tam wszystko nabiera sensu. Góry życia w pewnym sensie ożywają „dźwiękami muzyki" – muzyki Bożego działania z miłości. W tym pozaziemskim kontekście, przyjąwszy Boże spojrzenie, łatwiej jest wyobrazić sobie pogodną akceptację trudności, których nie możemy odwrócić.

...

Ojcze Niebieski, Ty wiesz, że zajmuje mnie wiele spraw. Znasz wszystkie moje myśli i wiesz, jak łatwo oderwać mnie od świata duchowego. Towarzysz mi dziś przez całą drogę, bym mógł widzieć, jak Ty widzisz, sądzić, jak Ty sądzisz, kochać, jak Ty kochasz.

Rozdział 10

Pogodę ducha można osiągnąć niezależnie od tego, co nas spotyka

Względnie łatwo o pogodę ducha w tych rzadkich chwilach, gdy wszystko idzie po naszej myśli. Co innego zachować ją, kiedy nękają nas wszelkie możliwe trudności, których nie możemy się pozbyć ani zmienić według własnego upodobania.

Duchowa siła do tego, by zachować pogodę ducha w trudnych, a zwłaszcza najgorszych chwilach rodzi się tylko z jednego: z duchowego przekonania, że jeśli przechodzimy próbę, dzieje się to za Bożym przyzwoleniem; jeżeli tylko Mu na to pozwolimy, Pan wyprowadzi z niej większe dobro, niż możemy to sobie wyobrazić.

Choć napisałem już książkę na temat cierpienia – a dokładniej o tym, jak pojąć Boże cele i plany, gdy życie nam doskwiera – nie znalazłem lepszego przykładu pogody ducha w niemożliwie trudnych okolicznościach niż u mojego przyjaciela Thomasa Petersa. Jest on młodym człowiekiem, aktywistą, nadzieją polityki i teologii. W zeszłym roku poślubił cudowną młodą kobietę. Trzy miesiące później podczas nurkowania doznał groźnego wypadku. Po kilku miesiącach intensywnej terapii, zabiegów i rekonwalescencji napisał na blogu:

W czerwcowy piątek obudziłem się wcześnie, ponieważ ktoś okładał mnie pięściami po plecach. Leżałem w łóżku, w miejscu, którego nie rozpoznawałem, doświadczając wprost nieznośnego bólu. Nigdy wcześniej nie doświadczyłem takiego cierpienia. Niczego nie rozumiałem. Z gardła wystawała mi rura i czułem, jakby w moim ciele czegoś brakowało. W ciągu kolejnych godzin dotarło do mnie, że po plecach okładał mnie pielęgniarz, który starał się usunąć płyn wypełniający moje płuca po wypadku. Trzy dni wcześniej doznałem pęknięcia piątego kręgu kręgosłupa, co znacząco uszkodziło rdzeń kręgowy i miało zmienić moje życie na zawsze. Samego wypadku nie pamiętam. Dzięki Bogu, ktoś zauważył, jak unoszę się na wodzie twarzą w dół, i wyciągnął mnie na brzeg. Gdyby nikt mnie nie dostrzegł, na pewno bym umarł. Chwała Bogu, że miałem wypadek w jednym z dwóch dni w roku, kiedy grupa ratowników medycznych zbierała się nieopodal na szkoleniu, otrzymałem więc natychmiastową pomoc. Gdyby zdarzyło się to innego dnia, pomoc dotarłaby jakieś dwadzieścia minut później, a uszkodzenia zdążyłyby dotknąć mózgu. Dzięki Bogu, w pobliżu znajdowało się pole, na którym mógł wylądować helikopter i zabrać mnie do Ośrodka Leczenia Wstrząsu Pourazowego Centrum Medycznego Uniwersytetu w Maryland, czyli najlepszego oddziału tego typu w Ameryce Północnej. Gdyby nie zapewniono mi najlepszej możliwej opieki w tak krótkim czasie, proces zdrowienia nie potoczyłby się równie pomyślnie. Rekonwalescencja była i nadal jest uciążliwa. Sześć tygodni trwało doprowadzenie mnie do stanu na tyle stabilnego, by przenieść mnie do ośrodka rehabilitacyjnego w Waszyngtonie. Przez sześć tygodni pielęgniarze i lekarze z Baltimore walczyli z infekcjami i wydzielinami z płuc, by wyleczyć uszkodzenia, których nabawiłem się po połknięciu brudnej wody. Wsadzili mnie w gorset ortopedyczny, by ocalić uszkodzony kręg. Kiedy wysiłki zawiodły, przeszedłem dwudniową operację zastąpienia uszkodzonego kręgu konstrukcją tytanową. Chirurdzy stopili z nią także czwarty i szósty kręg, by wzmocnić odcinek szyjny. Byłem intubowany, miałem tracheotomię, potem znowu mnie intubowano i raz jeszcze poddano tracheotomii. [...]

W tamtym czasie regularnie odwiedzali mnie znajomi i rodzina, by podnieść mnie na duchu, podzielić się smutkami i radościami. Nikt nie miał jednak w sobie tyle wiary co moja żona Natalie, która nie opuszczała mnie przez cały mój pobyt na intensywnej terapii. [...]

Tak poważny wypadek to zaproszenie zarówno do fizycznego, jak i duchowego zdrowienia. Nigdy nie odczuwałem Bożej obecności tak mocno jak od czasu wypadku. Niektórzy stwierdzą, że podobne zdarzenia podają w wątpliwość Boże miłosierdzie lub nawet Jego istnienie. Dla mnie jednak samo to, że przeżyłem, stanowi najlepszy dowód Bożego miłosierdzia i prowadzenia. Wierzę, że Bóg dopuścił do mojego wypadku, postanowił pomóc mi przetrwać i codziennie obdarza mnie przez to łaskami. Wypadek nauczył mnie podstawowej wartości wspieranej przez zasadę pomocniczości: wartości rodziny i przyjaciół jako pierwszej linii obrony, gdy dzieje się źle. Rodzina i przyjaciele przychodzili z pomocą mnie i mojej żonie na takie sposoby, że aż odejmowało nam mowę. Przynosili posiłki, pomagali się spakować i przeprowadzić, pożyczali samochody, udzielali fachowych porad co do naszej przyszłości finansowej i pokrycia kosztów leczenia, zakładali grupy modlitewne za nas, zaprojektowali opaski na rękę, które miały przypominać innym o modlitwie w naszej intencji, a także dawali nam prezenty tak hojne, że niekiedy musiałem odmawiać. [...]

Kto ma dobrych przyjaciół, nigdy nie jest biedny ani samotny. Wraz z żoną nie przetrwalibyśmy tego wszystkiego, gdyby nie nasi drodzy bliscy i przyjaciele. Wypadek uświadomił mi także jeszcze bardziej, jak niesamowitym darem jest małżeństwo. Mój ojciec podczas przemowy na naszym obiedzie weselnym powiedział, że sakrament małżeństwa udziela nam łaski do czynienia rzeczy niemożliwych. W ciągu ostatnich miesięcy spotykałem ludzi, którzy myśleli, że to niesamowite, a nawet niemożliwe, iż przetrwaliśmy z żoną taką traumę, będąc małżeństwem dopiero od trzech miesięcy. Mówiłem im, że pomocne okazuje się poślubienie właściwej kobiety we właściwy sposób. To Kościół nauczył nas obojga, czym jest małżeństwo i dlaczego należy mu się szacunek. Ludzie mówią nam, że poczuli się zainspirowani i czerpią nadzieję z bycia świadkami naszego małżeństwa – odpowiadam wtedy, że i my czujemy się natchnieni! Czujemy, że możemy razem stawić czoła wszystkiemu, nawet wspólnemu życiu, kiedy będę sparaliżowany. Będzie się to udawać dopóty, dopóki będziemy trzymać się siebie nawzajem, Boga i naszej przysięgi małżeńskiej. [...]

Wypadek nauczył mnie większej pokory i realistycznego podejścia do własnych wysiłków. Przed nim byłem dumny ze swojej samowystarczalności i zdolności do poświęcania się sprawom, które były dla mnie ważne. Nadal tak się dzieje, ale od czasu wypadku zyskałem o wiele większe uznanie dla tego, że wszystko, co robię i czym jestem, to zasługa Pana. Z pewnością to nie ja sam wyrwałem się z objęć śmierci. Jak powiedział mi pewien mądry kapłan, to modlitwy i poświęcenia poczynione przeze mnie w ciągu ostatnich tygodni i miesięcy bardziej wspomogły wartości życia, małżeństwa i wolności religijnej, niż to, co napisałem, powiedziałem lub promowałem przed wypadkiem. Ale nie myślcie sobie, kiedy tylko odzyskam siły, wracam do jeszcze cięższej walki o wszystkie te wartości, ponieważ wiem teraz, że to modlitwa wzmacnia wojownika. [...]

Wypadek nauczył mnie, że jestem dziełem nieukończonym i wszystko osiągam dla Bożej chwały. W tym tygodniu zakończyłem okres rehabilitacji szpitalnej i ciężka praca nad powrotem do samodzielnego życia (z ogromną pomocą mojej żony) właśnie się rozpoczęła, podobnie jak wyczerpująca terapia poza szpitalem, podczas której mam odzyskać utraconą siłę i wzmocnić mięśnie. [...]

Zdecydowana większość osób, które doświadczyły podobnego urazu, nigdy już nie chodziła, ale istnieją przesłanki, by sądzić, że mógłbym zaprzeczyć rachunkowi prawdopodobieństwa. Modlę się do Świętego Judy o ten cud. Większość osób z podobnymi uszkodzeniami nigdy nie odzyskała władzy w dłoniach – możecie mi wierzyć lub nie, ale musiałem spisać te rozważania, używając ekranu dotykowego i knykcia małego palca. Dzięki wstawiennictwu Świętego Franciszka zacząłem jednak odzyskiwać władzę w niektórych palcach lewej ręki. Istnieją niepokojące oznaki, że moje życie już zawsze będzie naznaczone bólem neuropatycznym, ale, jak się przekonałem, cierpienie można ofiarować w jakiejś intencji i nie musi ono przeszkadzać w prowadzeniu dobrego i wartościowego życia. [...]

W nadchodzących miesiącach będę skupiał się na modlitwie, refleksji i zdrowieniu, a z czasem dowiemy się, co przyniesie przyszłość. Nie pamiętam dokładnie, jak to się zaczęło, ale podczas jednej z wielu bezsennych nocy na oddziale intensywnej terapii w Baltimore, kiedy nie byłem pewien tego, co przyniosą najbliższe godziny i kolejny dzień, przypomniał mi się Samuel ze Starego Testamentu. Zacząłem cicho mówić do Boga: „Mów, Jahwe, bo słucha sługa Twój". Nadal tak się modlę. Nie wiem, co przyniesie przyszłość. Wiem jednak, że póki oddycham, obojętnie którymi kończynami i mięśniami jestem w stanie poruszać, będę łaknął służby Panu i wypełniania Jego woli. Po cóż innego jest życie?

Bóg nigdy nie pragnie zła; nie spowodował wypadku Thomasa. Pozwala nam jednak przejść przez ten bardzo niedoskonały świat, w którym prawa upadłej natury i nadużycia wolnej woli sieją spustoszenie zarówno pośród sprawiedliwych, jak i wśród nieprawych. To od nas zależy, jak potraktujemy nasze próby. To od nas zależy, czy wybierzemy życie w zgorzknieniu i żalu, czy zaufamy Opatrzności.

To w swobodzie wyboru odrzucenia lub akceptacji spraw, których nie możemy zmienić, tkwi nasza pogoda ducha.

Święty Augustyn napisał: „Życie nasze w tym pielgrzymowaniu nie może trwać bez pokusy, ponieważ właśnie postęp duchowy dokonuje się przez pokusy. Ten, kto nie jest kuszony, nie może siebie poznać. Zwycięstwo odnosi się poprzez walkę, a walczyć można jedynie wówczas, gdy się stanie w obliczu pokus i nieprzyjaciela". Innymi słowy: w perspektywie wieczności, jakkolwiek bolesne byłyby nasze pokusy, mogą przynieść dobre skutki, o ile nauczymy się żyć pogodnie, świadomi Bożej mocy i opieki.

W Biblii znajdziemy fragmenty mówiące o wielkim cierpieniu, które mają nas zapewnić, że Jezus doświadczał takich samych prób jak my. Co roku w Wielkim Poście czytamy o kuszeniu na pustyni i Jego zwycięstwie. On jest naszą siłą i gwarantem naszego zwycięstwa. Święty Paweł upewnia nas, że nie będziemy kuszeni ponad nasze siły. Bóg nie jest niesprawiedliwy i nie dopuszcza niczego, czego nie bylibyśmy w stanie znieść przy współpracy z Jego łaską.

Tomasz z Akwinu, wielki święty i uczony, w jednej z wielu modlitw, jakie po sobie pozostawił, prosi Boga, by żadne zwycięstwa ani próby nie zakłócały jego pokoju i nie zmieniały jego postanowień:

> Niech idę do Ciebie, Panie, drogą pewną, prosto wiodącą do celu, drogą, która nie gubi się między pomyślnością i przeciwnościami – tak żebym Ci dziękował za rzeczy pomyślne i zachował cierpliwość wśród rzeczy przeciwnych, nie wynosząc się wśród pomyślności ani nie upadając na duchu pośród przeciwności. Panie, niech wszelka radość bez Ciebie będzie udręczeniem i niech nie pragnę niczego poza Tobą.

...

Jezu, próby, których doświadczam, zdają się z biegiem czasu coraz cięższe. Przyjmuję je dziś jako część Twojego planu wobec mnie. Nie odrzucam ich. Przyjmuję je jako niezbędny element mojej podróży ku Tobie. Obdarz mnie łaską przeżywania tych drogich prób z wdzięcznością.

Rozdział 11

Uznanie swojej przeszłości

Pisałem wcześniej o anonimowych alkoholikach i programie „dwunastu kroków", który przemienił życie tak wielu ludzi. Pierwsze trzy kroki wzywają nas do uświadomienia sobie własnej niemocy i rozpoznania Bożej potęgi uzdrawiania. Kolejne trzy zmierzają w nieco innym kierunku – wymagają radykalnej szczerości, swoistej „spowiedzi", w trakcie której wyznamy, gdzie jesteśmy i w jaki sposób tu dotarliśmy.

Czwarty krok wiąże się z dokonaniem „gruntownego i odważnego obrachunku moralnego". Dobrze powiedziane! Na ów „odważny obrachunek moralny" składa się coś, co nazywa się „rachunkiem sumienia", w którym obnażamy nasze życie i w szczerości konfrontujemy się z tym, kim jesteśmy i co zrobiliśmy. Ta radykalna szczerość jest konieczna, by ruszyć naprzód.

Piąty krok prowadzi jeszcze dalej. Wychodzimy poza swoją strefę komfortu, ale za to możemy doświadczyć głębokiego uzdrowienia. Mamy wyznać „Bogu, sobie i drugiemu człowiekowi istotę naszych błędów". Oj, to nie jest łatwe! Uznać swoją niedoskonałość i potrzebę zmiany wielu rzeczy to jedno. Co innego szczegółowo wytłumaczyć to drugiemu człowiekowi. Choć trudny, krok ten jest niezwykle skuteczny. W Kościele katolickim czynimy coś podobnego w sakramencie pojednania: poprzez kapłana prosimy Boga o wybaczenie i siłę, by unikać grzechu w przyszłości. Zarówno katolikowi, jak i niewierzącemu przyda się jednak kierownik duchowy lub doradca, z którym można porozmawiać o swoich problemach, pokusach czy rozwoju duchowym.

I znów zwracamy się do Boga.

W szóstym kroku mamy stać się „całkowicie gotowi, aby Bóg uwolnił nas od tych wszystkich wad charakteru". Po raz kolejny dostrzegamy, że to Bóg naprawia i uzdrawia. Ów szósty krok może wydawać się niepotrzebny. Któż nie chciałby, by wymazano jego wady? W rzeczywistości jednak często nie chcemy ich wszystkich stracić. Jesteśmy do nich przywiązani. Przytoczę tu słynne słowa Świętego Augustyna: „Panie Boże, daj mi czystość i umiarkowanie, ale jeszcze nie w tej chwili!". Trzeba odwagi, by szczerze poprosić Boga o dokonanie w nas natychmiastowej zmiany.

Pogoda ducha związana z tym, by przyjąć rzeczy, których nie możemy zmienić, wymaga uznania dokonanych wyborów oraz ich konsekwencji. Jeśli tego nie uczynimy, nie pójdziemy dalej. Choć to trudne, musimy „oczyścić się" i stawić czoła rzeczywistości. Tak jak lekarz nie może nic zrobić dopóty, dopóki nie powiemy mu, co nam dolega, tak samo i pokój duszy przychodzi za cenę brutalnej szczerości z samym sobą i z Bogiem.

Jezus wypowiedział słynne słowa o tym, że prawda nas wyzwoli (J 8,32). Ale co to właściwie oznacza? W jakim sensie prawda wyzwala ludzi? W jaki sposób staje się bramą do ludzkiej wolności? Wydaje się, że ludzie to jedyne stworzenia zdolne do kłamstwa. Prawdą jest, że zwierzęta „kamuflują się", wtapiając się w otoczenie lub udając coś, czym nie są. Kameleony zmieniają kolor, a niektóre owady, na przykład patyczaki, odwzorowują swoim wyglądem elementy otoczenia z taką precyzją, że stają się niemal niewidoczne. Psy, jak się zdaje, można by posądzić o coś bliskiego kłamstwu – chowają się bowiem czasem po jakimś wybryku. W królestwie zwierząt mamy jednak do czynienia bardziej z ewolucyjnymi strategiami przetrwania niż ze świadomymi aktami oszustwa. W przeciwieństwie do zwierząt my, ludzie, jesteśmy w stanie ochoczo i świadomie przedstawiać fałszywy obraz siebie, by inni uwierzyli w coś, co sami uznajemy za nieprawdę.

Jeszcze poważniejszą sprawą jest zdolność człowieka nie tylko do mówienia nieprawdy, lecz także do „życia" kłamstwem, czynienia oszustwem wszystkiego, co nas otacza. Możemy nawet oszukiwać siebie samych, racjonalizować własne błędy i przekonywać się, że jesteśmy lepsi niż w rzeczywistości. Ale kłamstwa, które wypowiadamy i którymi żyjemy, zamykają nas w więzieniu. Życie w fałszu to życie za kratkami wyimaginowanej rzeczywistości. Czy zauważyłeś, że gdy ludzie przyznają się do kłamstw, siłą rzeczy odczuwają głęboką ulgę? Nagle czują, że znów mogą oddychać. Przez długi czas dusili się przecież w uścisku fałszu. Kłamstwa ciążą nam jak wielkie głazy noszone na głowach i ramionach, a my tylko marzymy o tym, by je zrzucić.

Ze wszystkich kłamstw, które wmawiamy sobie i innym, najbardziej niebezpieczne dotyczą naszych wyborów i decyzji. Odruchowo usprawiedliwiamy się, bronimy, racjonalizujemy swoje wybory. Na końcu jednak jest to zgubne.

Odwrót od życia zasadzającego się na kłamstwach nie wymaga tego, że powiemy wszystkim o każdym naszym grzechu, nim zaczniemy znów żyć w prawdzie. Słyszałem kiedyś, jak Oprah Winfrey stwierdza (to dopiero wyznanie, przed tak ogromną widownią!), że czasami mówienie „wszystkiego wszystkim" tak naprawdę stanowi egoistyczny wybór. Może i poczujemy się dobrze, odciążając się od tajemnic i zrzucając je na współmałżonka czy przyjaciela, ale jeśli robimy to głównie ze względu na siebie, nie czynimy słusznie. Zawsze chodzi o bezinteresowną miłość.

W minionym roku dzięki Bożej łasce poznałem Judy Clark, więźniarkę z zakładu poprawczego w Bedford Hills w Nowym Jorku. Jej przeszłość stanowi fascynującą historię nawrócenia, które przychodzi przez bramę pokornej akceptacji osobistych porażek. Wszystko zaczęło się kiepsko. 20 października 1981 roku grupa radykałów z bronią automatyczną w rękach próbowała napaść na samochód pancerny Brink's[18] na deptaku w Nanuet w stanie Nowy Jork. Złodzieje ukradli milion sześćset tysięcy dolarów w gotówce i zastrzelili jednego z ochroniarzy, Petera Paige'a, a także dwóch policjantów, Waverly'ego Browna i Edwarda O'Grady'ego. Judith Alice Clark prowadziła samochód, którym uciekali sprawcy.

Judy aresztowano tego samego dnia i trzykrotnie oskarżono o współudział w morderstwie. Gdy wreszcie pojawiła się w sądzie na ostatecznej rozprawie, tylko przyznała się do winy. „Przemoc w imię rewolucji jest konieczna; to wyzwalająca siła", wyznała przysięgłym. Judy uznano za winną i wydano trzy niepokrywające się kary dwudziestu pięciu lat pozbawienia wolności. W trakcie pobytu w areszcie Judy miała trzydzieści jeden lat, była matką jedenastomiesięcznego chłopca i członkinią komunistycznej organizacji May[19] – niewielkiej samozwańczej „rebelianckiej organizacji antyimperialistycznej". Jak sama przyznała, działalność polityczna, lojalność wobec „towarzyszy" i tożsamość „rewolucjonistki" definiowały całe jej dorosłe życie.

Teraz wszystko się zmieniło. W ciągu długich lat izolacji Judy zrozumiała, że brutalna szczerość wobec samej siebie stanowiła centralny punkt jej procesu odnowy wewnętrznej. Zaczęła otwierać serce i umysł na rzeczywistość tego, co zrobiła, i możliwość przemiany. Pisała: „Moje życie oznacza teraz głównie mierzenie się z cierpieniem i stratami, za które jestem odpowiedzialna, a także pokutę, zakorzenienie w poczuciu skruchy, potrzeby naprawy i szacunku". Uznawszy swoje czyny i ich skutki, Judy odnalazła bramę do odkupienia. Zrodziło to w jej życiu wspaniały owoc.

Kiedy pisała te słowa, odbyła trzydzieści dwa lata kary. Podczas pobytu w więzieniu w 1990 roku uzyskała licencjat z nauk behawioralnych, w 1993 roku została magistrem psychologii, a teraz pracuje nad doktoratem. Prowadziła szkołę rodzenia dla ciężarnych. Stała się mentorką i wzorem do naśladowania dla matek, które mieszkają z dziećmi w więzieniu. Pomogła odnowić więzienny program nauki na poziomie college'u, gdy w 1990 roku zaprzestano finansowania go ze środków publicznych. W rezultacie w ciągu minionej dekady ponad sto pięćdziesiąt kobiet uzyskało *associate degree* 19 lub licencjat. Judy mieszka wraz z więźniarkami, które uczestniczą w programie Puppies Behind Bars. Opiekuje się szczeniakami i szkoli te, które zostaną przewodnikami niewidomych, będą wykrywać miny lub służyć kombatantom. W odpowiedzi na epidemię AIDS w miasteczku Bedford Hills (gdzie znajduje się więzienie) w latach osiemdziesiątych ubiegłego wieku, Judy zdecydowała się wziąć udział w zakładaniu ACE — organizacji na tyle skutecznej, że otwarto jej filie w innych więzieniach na terenie kraju.

Wszystko to zdarzyło się, ponieważ Judy przyjęła prawdę o swoim życiu. Ten akt wcale jej nie załamał, a wręcz podniósł ją na duchu. W trakcie procesu rękami i nogami broniła swoich działań. Błędy społeczeństwa były winą wszystkich, tylko nie jej. Po jakimś czasie w więzieniu i przemyśleniu swojego postępowania Judy była zmuszona stawić czoła prawdzie o tym, że postąpiła źle. Przeczytaj, co mówi teraz:

Jestem głęboko zawstydzona swoim postępowaniem, które przyczyniło się do śmierci trzech niewinnych osób, a także fizycznych oraz emocjonalnych zranień i strat u innych ludzi. Sporą część pobytu w więzieniu spędziłam na próbie zrozumienia wewnętrznych i zewnętrznych sił, które popchnęły mnie do tak autodestrukcyjnego zachowania przeciwko człowiekowi. Staram się teraz żyć na zupełnie odmiennych, bardziej odpowiedzialnych zasadach.

W kolejnych rozdziałach podzielę się z czytelnikami innymi kwestiami, które poznałem dzięki Judy Clark. Nie jest łatwo przyznać się do porażki. To najtrudniejsze w uznaniu prawdy. A jednak wszyscy mamy wady. Wszyscy jesteśmy zdolni do wielkiego zła i oszukujemy siebie samych, że tak nie jest. Nie wszyscy obrabiamy banki czy popełniamy morderstwa, ale wszyscy mamy za co przepraszać. To, że nie jesteśmy kryminalistami, nie oznacza, iż jesteśmy niewinni. Pogoda ducha, której poszukujemy, po części wymaga przyjęcia naszej przeszłości, naszych wyborów (dobrych i złych), a także ich konsekwencji. Zaprawdę, są to rzeczy, których nie możemy zmienić, potrzebujemy więc pogody ducha, by przyjąć je takimi, jakimi są.

...

Panie, dziękuję Ci za dar życia, za wszystkie lata, które dałeś mi na tej pięknej ziemi. Jest mi bardzo przykro za wszystkie chwile, kiedy nadużyłem tego daru, postępując egoistycznie. Wymaż, proszę, mój wstyd i obdarz łaską pójścia do przodu z nowym zapałem, by żyć w prawdzie i miłości.

Rozdział 12

Bóg cię kocha z wszystkimi twoimi wadami

Pomimo moich wcześniejszych słów o komarach, Bóg się nie myli. A co najważniejsze dla naszych rozważań, nie mylił się, stwarzając ciebie. Jesteś dokładnie taki, jaki miałeś być. Wszystko, co dotyczy ciebie – twoi rodzice, rodzeństwo, czasy, w których żyjesz, otoczenie, wady i zalety – dopuściła Opatrzność. Bóg cię zna i kocha z wszystkimi twoimi wadami. Czyż to nie największa motywacja, by osiągnąć pogodę ducha?

Obiecującym następstwem tej prawdy jest to, że Bóg czerpie pożytek nawet z twoich niedoskonałości. To, czego najbardziej się wstydzisz, On uznaje za niezbędne dla wypełnienia twojej życiowej misji. Twoją największą słabość postrzega jako sposobność do okazania siły. To, co tobie wydaje się przeszkodą, uważa za stopień prowadzący ku górze. Święty Paweł uświadomił to sobie odnośnie swojego życia i odkrycie to sprawiło mu wielką radość. Doświadczył czegoś, co metaforycznie nazwał „ościeniem dla ciała", i błagał Boga, by Ten go usunął. Bóg odpowiedział mu jednak: „[...] Wystarcza ci moja łaska. Moc okazuje swoją skuteczność w słabości [...]" (2 Kor 12,9). Święty Paweł wyciąga z tego następujący wniosek: „Z tych względów upodobałem sobie słabości, poniewierki i niedostatki, prześladowania i uciski (znoszone) dla Chrystusa. Kiedy bowiem odczuwam słabość, wtedy właśnie jestem mocny" (2 Kor 12,10).

Gdy patrzysz na siebie w lustrze i widzisz nędzne, mocno niedoskonałe stworzenie, które właściwie nie potrafi zrobić nic pożytecznego, w tej samej chwili Bóg dostrzega w tobie narzędzie swojej łaski. Tym samym masz głębszą świadomość siebie niż osoba postrzegająca się jako utalentowaną jednostkę, którą Bóg ma zaszczyt zapraszać do siebie. Podczas Eucharystii kończącej Światowe Dni Młodzieży w Toronto w roku 2002 papież Jan Paweł II wypowiedział słowa, które przypominają nam o Bożej mocy odnawiania nas: „Nie jesteśmy sumą naszych słabości i błędów; jesteśmy sumą miłości Ojca do nas i naszej realnej zdolności stania się obrazem Jego Syna".

W Starym Testamencie znajdziemy cudowną historię, która pięknie się do tego odnosi. Wszyscy znamy opowieść o Dawidzie i Goliacie, o tym, jak młody, niedoświadczony pasterz pokonuje wytrawnego żołnierza – i do tego olbrzyma! Możesz jednak nie pamiętać, co zdarzyło się, zanim Dawid wkroczył na pole bitwy (1 Sm 17,38–39). Nie miał żadnej ochrony przed wrogiem, nawet zbroi – król Saul użyczył mu więc swojej. Saul nałożył Dawidowi na głowę hełm z brązu i opiął go pancerzem. Ale Dawid nie czuł się w tym stroju dobrze. Okazało się, że nie potrafi się poruszać w ciężkiej zbroi Saula i musi ją zdjąć. W końcu poszedł na spotkanie z Goliatem z samą procą i kilkoma gładkimi kamieniami. A jednak, z Bożą pomocą, zwyciężył.

Z fragmentu tego płynie nauka, że czasami to, co wydaje nam się siłą, okazuje się słabością. Wchodzi nam w drogę. I gdy czujemy się bardziej bezradni, mocniej polegamy na Bożej łasce, a On działa dla nas cuda. Ciężka zbroja nie stanowi siły Dawida. Jego drobna postura i zwinność okazują się atutami, choć nikt nie zdaje sobie z tego sprawy dopóty, dopóki chłopiec nie wychodzi na pole bitwy. To, co wydaje się naszą największą wadą, często okazuje się narzędziem, za którego pomocą zgodnie z oczekiwaniami Boga można wykonać zadanie.

Czy dostrzegasz, dlaczego – w perspektywie wiary – mamy wiele powodów, by pogodnie przyjmować to, czego nie możemy zmienić? Skoro Bóg ma swoje sposoby – to znaczy: jeśli pozwolimy Mu działać – z wszystkich tych spraw uczyni most, po którym przejdziemy nad rwącymi wodami.

Kiedy zastanawiam się nad Bożymi sposobami działania, dochodzę do wniosku, że Pan musi mieć poczucie humoru. Któż inny wybrałby jąkałę Mojżesza na swojego rzecznika przed całym Izraelem i faraonem? Gdy Mojżesz usłyszał wezwanie, musiał pomyśleć: „Chyba żartujesz?! Serio, nie ma nikogo lepszego?". A jednak Bóg nie żartował. Wiedział, co robi. Tak wielu świętych czuło się żałośnie nieprzygotowanych, a nawet uważało, że nie nadaje się do powierzonego zadania! Można w ten sposób pomyśleć o wyborze Gedeona, zwykłego rolnika, który miał wyzwolić Izraelitów z rąk Midianitów. Albo o Rachab, prostytutce, która pomogła Jozuemu w zdobyciu Jerycha. Sami apostołowie – grupa nieokrzesanych rybaków – nie mieli kwalifikacji, by założyć Kościół. Żaden z nich nie był przygotowany na to przedsięwzięcie. Pięknie podsumował to Święty Paweł: „Bóg wybrał bowiem to, co głupie według świata, aby zawstydzić mądrych, i co słabe według świata wybrał Bóg, aby zawstydzić to, co mocne. Bóg wybrał również to, co świat ma za nic i uważa za nieszlachetnie urodzone oraz godne pogardy, aby unicestwić to, co czymś jest, w tym celu, aby nikt z ludzi nie chlubił się przed Bogiem" (1 Kor 1,27–29). Ulubionymi narzędziami Boga są mało znaczący ludzie. Żaden z nich nie powinien chełpić się przed Panem. Możemy być pogodni, przyjmując to, czego nie sposób zmienić, wiedząc, że Bóg potrafi wykorzystać nawet naszą słabość, by okazać swoją moc, i nasze grzechy, aby objawić swoje piękno.

...

Boże, Ty wiesz, jak doskwiera mi moja słabość. Ty wiesz, że czuję się niezdatny do tego, o co mnie prosisz. Dziś w pełni przyjmę to, kim jestem, a kim nie. Proszę Cię tylko o to, byś okazał mi, że mnie kochasz z wszystkimi moimi wadami.

Rozdział 13

Boże miłosierdzie nie zna granic

Największą przeszkodą w pokładaniu ufności w Bogu jest to, że tak bardzo nabroiliśmy. Tak potłukliśmy ceramikę naszego życia (a czasami i życia innych), że nawet najlepszy garncarz nie będzie w stanie jej naprawić. Nawet jeśli ktoś zbierze wszystkie elementy i dojdzie do tego, jak je poskładać, próby będą nieskuteczne. Jesteśmy jak Humpty Dumpty[21] – wszyscy konni i wszyscy dworzanie złożyć do kupy nie będą nas w stanie. Stara mądrość mówi: „Co się stało, to się nie odstanie", co z perspektywy czysto ludzkiej jest prawdą. Nie można odczynić tego, co już się wydarzyło. Dostrzegamy blizny na naszej duszy, szkody, jakie spowodowaliśmy, i tracimy nadzieję na naprawę. Jak można osiągnąć pogodę ducha w obliczu tak nieodwracalnej tragedii?

Otrzymaliśmy jednak największy cud Bożego miłosierdzia. Wydaje się ono zbyt piękne, by było prawdziwe. Boimy się w nie uwierzyć. Bóg potrafi naprawić nasze błędy i złożyć ceramikę naszego życia. Czyni to wciąż na nowo. Nawet nasze pozornie niewybaczalne grzechy przemienia w coś dobrego. To właśnie tajemnica odkupienia.

Piękna święta z Lisieux, Święta Teresa, była znana z nieograniczonej ufności w Bożą dobroć. Wydawało jej się naturalne oczekiwanie od Niego wszystkiego, ponieważ była przekonana o Jego wielkiej miłości. To dla nas trudne, ponieważ, w przeciwieństwie do niewinnej dziewczyny, obraziliśmy Boga zbyt wiele razy, na różne sposoby. Teresa nie zgodziłaby się jednak z tym, że nasze grzechy mogą być przeszkodą w zaufaniu Bogu. Wyraźnie podkreślała, że jej przekonanie o nieskończonej dobroci i miłosierdziu Boga nie miało nic wspólnego z jej własną moralnością. Dokładała wszelkich starań, by uświadamiać to innym: „O tak, i czuję, że choćby sumienie moje było obciążone wszystkimi możliwymi grzechami, poszłabym z sercem złamanym żalem rzucić się w ramiona Jezusa, ponieważ wiem, jak On kocha marnotrawne dziecko, które powraca do Niego. Jeśli się wznoszę do Boga przez ufność i miłość, to nie dlatego, że w swym uprzedzającym miłosierdziu zachował mą duszę od grzechu śmiertelnego"[22]. A krótko przed śmiercią w rozmowie z Matką Agnieszką powiedziała: „Powiedz wyraźnie, Matko, że choćbym popełniła wszystkie możliwe zbrodnie, miałabym zawsze taką samą ufność; czuję, że całe to morze grzechów byłoby tylko kroplą wody rzuconą w płonący piec"[23].

Powód jest naprawdę bardzo prosty. Źródłem naszej ufności w Bogu są nie dobre uczynki, jak gdyby Pan był miłosierny i szczodry, ponieważ to my jesteśmy dobrzy i na to zasługujemy, ale po prostu to, że On jest dobry. Jego miłosierdzie świeci najjaśniej właśnie wtedy, gdy najmniej na to zasługujemy. Nigdy na nie nie zapracujemy; ono przychodzi jako bezinteresowny dar, na który nie trzeba zasłużyć. To ważna wiadomość dla wszystkich, zarówno „wielkich" grzeszników, jak i tych, którzy są świadomi swoich drobnych przewinień. Bóg nie kocha nas bardziej lub mniej w zależności od tego, jak się sprawujemy. Kocha nas całkowicie, zupełnie i bezwarunkowo, co oznacza, że

Boża miłość nie zależy od niczego. Jest trwała i nic, co robimy lub nie, tego nie zmieni.

Zawsze pocieszało mnie myślenie, że Jezus przyszedł po grzeszników. Wyraźnie mówił, że to z ich powodu zstąpił na ziemię i umarł na krzyżu. Bronił swojej przyjaźni z grzesznikami – twierdził, że zdrowi nie potrzebują lekarza, a jedynie ci, którzy źle się mają. Cieszę się, że rozpoznaję w sobie jednego z tych potrzebujących, ponieważ dzięki temu mogę wejść w bliski krąg przyjaciół Jezusa.

Pewnego sobotniego ranka czekałem na pociąg na Penn Station jadący w kierunku plaży położonej na południowym brzegu Long Island. Miałem dzień wolny, założyłem więc zwyczajne ubrania. Kiedy usiadłem przy stoliku i jadłem kanapkę, podszedł do mnie pewien pan i poprosił o pieniądze. Nie dał mi nawet czasu do namysłu.

– Też z chęcią zjadłbym śniadanie. Dałby mi pan z pięć dolców?

– Proszę pana – zacząłem – a może kupię panu którąś z tych kanapek?

– To miłe z pana strony, ale ja kupuję śniadanie tu za rogiem. Zawsze biorę muffinkę otrębową o niskiej zawartości tłuszczu z bitą śmietaną.

Zaśmiałem się pod nosem. Byłem pod wrażeniem zarówno jego zuchwałości, jak i śniadaniowego menu. Zauważyłem, że obserwuje nas inny klient. Kiedy sięgnąłem do kieszeni, wydał z siebie głośny jęk, jakby chcąc powiedzieć: „Chyba zwariowałeś!". Bardziej z lenistwa niż z uprzejmości postanowiłem zaryzykować.

– Proszę pana, dam panu pieniądze na śniadanie. Proszę tylko, żeby przyniósł mi pan paragon.

W kieszeni miałem jedynie banknot dwudziestodolarowy. Nie jestem pewien, kto był bardziej zaskoczony: klient czy człowiek o nietuzinkowych gustach proszący o pieniądze.

Minęło pięć minut. Już miałem wychodzić. Wiedziałem, że będę musiał spojrzeć w oczy eleganckiemu nowojorczykowi siedzącemu przy sąsiednim stoliku i przyznać się do porażki. Ale w tej samej chwili wszedł nasz znajomy z muffinką otrębową o niskiej zawartości tłuszczu z bitą śmietaną w jednej ręce oraz banknotami, monetami i paragonem w drugiej. Z przebiegłym uśmieszkiem na twarzy spojrzał na mnie i powiedział:

– Oto pana reszta. Miłego dnia.

Nie pamiętam, czy oparłem się pokusie spojrzenia na drugiego klienta. Pewnie nie. Przyjąwszy resztę, powiedziałem tamtemu człowiekowi, że mnie zainspirował. Stwierdziłem, że nie każdy zrobiłby to co on i że jest bardzo dobrym człowiekiem. Wtedy wyznałem mu, że jestem kapłanem.

– Co to znaczy? – spytał.

– Księdzem. Wie pan, pastorem.

Wybałuszył oczy i wyszedł z restauracji z okrzykiem: „Wygrałem u Jezusa na loterii!". Byłem w radosnym szoku. Mężczyzna przy drugim stoliku nie mógł powstrzymać się od komentarza: „Nigdy nie widziałem niczego piękniejszego".

Wierzę, że facet od niskotłuszczowej muffinki naprawdę wygrał na Jezusowej loterii. Postąpił słusznie i rozpoznał swoje moralne zwycięstwo jako znak Bożego miłosierdzia w życiu.

Czasami mówi się, że życie jest jak fotografia: używamy negatywów, by wywołać zdjęcie. To samo dotyczy naszych grzechów, o ile wyciągniemy z nich wnioski. Jezus mówi do cudzołożnicy, że jej nie potępia. Oczywiście, nie pochwala też jej grzechu. Mówi po prostu: „Idź i odtąd nie grzesz więcej".

Powiedzieliśmy już sobie, że istotnym elementem wiary chrześcijańskiej jest świadomość Bożej mocy wyprowadzania dobra ze zła. Szczególnie widać to w przypadku naszych grzechów. Franciszek Salezy pisze na temat grzechu: „Niedźwiadek jadowity jest, gdy ludzi kąsa; w oliwie przedystylowany, wybornem staje się na własne ukąszenie swoje lekarstwem. Tak i grzech natenczas jest sromotny, gdy go popełniamy; ale gdy go Spowiedzią i Pokutą św. umarzamy, staje się nam sposobnością do czci i zbawienia". To nie natura grzechu, zła i paskudna, to potwierdza, ale siła Boga, który jest nieskończonym miłosierdziem.

W życiu pełnym łaski żaden błąd nie jest ostateczny. Bóg zawsze nas powita, nieważne, jaka wydaje się nasza przeszłość lub ile blizn nosimy na duszy. Póki życia, póty nadziei. Póki nadziei, póty pogody ducha.

...

Panie, wiem, że wygrałem na Jezusowej loterii. Jestem pełen grzechu. Jestem egoistą. Nie zasługuję na miano Twojego dziecka. Ale Ty mnie przyjąłeś i obdarzyłeś swoim miłosierdziem. Dziękuję, że umarłeś na krzyżu za tego niegodnego grzesznika. Kocham Cię i będę się dziś bardzo starał okazać miłosierdzie i miłość każdemu, kogo spotkam.

Rozdział 14

Wdzięczność jako droga do pokoju

Pięcioksiąg wymienia wiele heroicznych kobiet, które mają stanowić dla nas wzór: od Ewy, matki wszystkich żyjących, przez Deborę, mądrą, wojowniczą sędzinę, która rządziła Izraelem pewną ręką, po Rut, niezwykle lojalną wobec swojej teściowej Noemi. Każda z tych kobiet reprezentuje cnoty, jakie wszyscy powinniśmy naśladować. Te wierne niewiasty, powołane do nadzwyczajnego życia w trudnych okolicznościach, stanowią dla nas ponadczasowe wzory. Kolejną taką kobietą była Judyta, która ocaliła Żydów przed rzezią ze strony Asyryjczyków. Nad wiek dojrzała, zdecydowała się bronić swego ludu, wierna Bogu. Z wiarą i sprytem zwiodła i zgładziła jednego z najstraszliwszych wojowników starożytnego świata, asyryjskiego generała Holofernesa. Tym samym wyzwoliła Izraelitów z ucisku obcego państwa.

W parze z odwagą i mądrością idzie jednak jeszcze jedna zdumiewająca cecha Judyty, o której często się zapomina: wdzięczność, cnota zrodzona z rozpoznania dobroci Bożej opatrzności w życiu. Skarciwszy Izraelitów za brak ufności Bogu, Judyta sama postanawia stawić czoła trudnościom. Nawet w najgorszych chwilach jej wiara i wdzięczność za Jego wierność pozostają niezachwiane. Być może najbardziej niezwykłą wartością wdzięczności Judyty jest jej zdolność do dziękowania Bogu nawet wtedy, gdy Jego błogosławieństwa są niewidoczne dla oka. Większość z nas okazuje wdzięczność za oczywiste dary, Judyta wynosi jednak wdzięczność na wyższy poziom. Nawet przeciwności postrzega jako błogosławieństwa pochodzące z ręki kochającego Boga. Pośród trudnych prób, które zdają się nie mieć końca, wzywa rodaków do walki następującymi słowy: „Teraz więc, bracia, dowiedźmy naszym braciom, że od nas zależy ich życie oraz że bezpieczeństwo Świątyni, Przybytku i ołtarza na nas spoczywa. Za to wszystko dzięki składajmy Panu, Bogu naszemu, który nas doświadcza tak, jak doświadczał ojców naszych. Wspomnijcie na to wszystko, co uczynił On Abrahamowi, na wszystkie doświadczenia, jakie zesłał na Izaaka, i na to, co przeżył Jakub w syryjskiej Mezopotamii, kiedy pasł owce Labana, brata swej matki. Jak bowiem ich poddał On próbie ogniowej, by doświadczyć ich serca, tak też i na nas nie zesłał kary, ale raczej dla przestrogi karci Pan tych, którzy się do Niego przybliżają" (Jdt 8,24–27).

To jeden z paradoksów życia: im więcej mamy, tym chętniej narzekamy na choćby drobne nieprawidłowości. Niczym rozpieszczone dzieciaki, zaczynamy myśleć, że zasługujemy na wszystko, co otrzymaliśmy za darmo lub z pomocą innych. Za to ludzie, którzy doświadczyli trudności i ciężkich prób, wydają się bardziej zdolni do wyrażania wdzięczności, kiedy ktoś okazuje im życzliwość lub sprawy nagle przybierają pomyślny obrót.

Przez chwilę pomyśl o wdzięcznej duszy, o chwilach, gdy sam byłeś przytłoczony wdzięcznością. Mnie przychodzi na myśl kilka takich momentów. Jednocześnie właśnie wówczas odczuwałem największy pokój duszy. Oto chwile pogody ducha i radości. Kiedy prosimy Boga o pogodę ducha, by przyjąć to, czego nie możemy zmienić, prosimy o możliwość dostrzeżenia całego dobra, jakie Pan dla nas uczynił, i o wdzięczność za nie.

Nie jest łatwo być wdzięcznym. Często zwyczajnie zapominamy podziękować drugiemu za życzliwość. Jesteśmy zbyt zajęci i przyjmujemy wiele rzeczy jako oczywistość – od przygotowanego dla nas posiłku, przez wyprane ubrania, po e-mail od przyjaciela podczas choroby. Jak na ironię, często o wiele więcej wysiłku wkładamy w proszenie innych o przysługę niż w wyrażanie wdzięczności za to, co otrzymujemy. Kiedy czegoś potrzebujemy, potrafimy błagać, gnębić, namawiać, przypominać i obiecywać. Umiemy być pomysłowi, aby osiągnąć to, czego pragniemy. Ale kiedy już ktoś wyświadczy nam przysługę, z łatwością idziemy dalej, poświęcając zaledwie myśl czy słowo osobie, która nam pomogła.

Jezus podkreślał to podczas jednego z uzdrowień. Pewnie przypominasz sobie historię o uleczeniu dziesięciu trędowatych. Chorzy krzyczą do Jezusa, błagają Go, by jakoś polepszył ich sytuację. Wołają z oddali: „[...] Jezusie, Nauczycielu, zmiłuj się nad nami" (Łk 17,13). Jezus im współczuje i mówi, by pokazali się kapłanom. Weryfikacja ich uzdrowienia była konieczna, by mogli wrócić do społeczeństwa. Kiedy idą, zostają oczyszczeni. Odkrywszy swoje uzdrowienie, jeden z trędowatych wraca i głośno chwali Boga. Podchodzi do Jezusa, pada Mu do stóp i składa dziękczynienie. Autor Ewangelii twierdzi, że człowiek ten nie jest Żydem, lecz Samarytaninem. Jezus pyta ze smutkiem: „[...] Czyż nie dziesięciu zostało uzdrowionych? Gdzież jest dziewięciu? Żaden nie wrócił, aby uwielbić Boga, tylko ten cudzoziemiec?" (Łk 17,17–18). Następnie mówi uzdrowionemu: „Wstań, idź, twoja wiara cię uzdrowiła".

Zastanawiam się, dlaczego Jezus tak zasmucił się brakiem wdzięczności ze strony pozostałych uzdrowionych. Może czuł się urażony, ograbiony z dziękczynienia, które Mu się należało? Chyba jednak nie. Myślę, że Jego smutek miał głębsze podłoże. Dziękczynienie czyni nas lepszymi. To cnota właściwa duszom szlachetnym, objawiająca się przez zdolność do wyniesienia się ponad siebie i własny interes, by uznać dobroć drugiego. Jezus z pewnością czuł smutek, ponieważ miał nadzieję, że Jego dar uczyni z trędowatych lepszych ludzi. Chciał, by nie tylko ich skóra, lecz także serca i dusze zostały oczyszczone i uzdrowione. A ponieważ wdzięczność czyni nas lepszymi, czyni nas też bardziej wolnymi. Zdolność do zapomnienia o sobie na chwilę to pierwszy krok na drodze ku prawdziwie wolnemu duchowi.

Wdzięczność czasami przychodzi naturalnie, zwłaszcza wtedy, gdy wszystko w naszym życiu toczy się pomyślnie. Względnie łatwo spontanicznie okazać wdzięczność, kiedy słońce oświetla każdy skrawek naszej egzystencji. Co innego być wdzięcznym, gdy nie jest tak cudownie. W każdej chwili życia ty i ja mamy wybór. Są rzeczy dobre i przyjemne, lecz także przykre i trudne. Możemy skupić się na tym, co zepsute, lub na tym, co dobre i piękne. W zależności od tego, co wybierzemy, będziemy rozgoryczeni i wściekli albo wdzięczni i szczęśliwi.

Wyobraź sobie, że wstajesz rano i zaczynasz myśleć o tym, co przyniesie dzień. W myślach analizujesz wszystkie zajęcia, jakie cię czekają, a także potencjalne wzloty i upadki. Masz również w pamięci poprzedni dzień, wszystkie jego chwile: smutne i trudne, piękne i przyjemne. Które z nich zajmą w twojej głowie pierwsze miejsce? Które wpłyną na twój nastrój i określą perspektywę, z jaką spojrzysz na nowy dzień? To nie tylko pytanie o naturalne skłonności do optymizmu czy pesymizmu. Niektórzy z nas z natury widzą „jasne strony", podczas gdy inni najpierw zwracają uwagę na trudności.

Pomimo tych naturalnych tendencji możemy sami wybrać, na czym się skupimy.

Co ciekawe, kiedy wybieramy wdzięczność, stajemy się też bardziej pewni siebie, ufni, pełni nadziei i pogodni. Dlaczego? Gdy dostrzegamy dobro lub przynajmniej pozytywne strony danej chwili, stajemy się bardziej świadomi tego, jak wiele dobrych rzeczy wydarzyło się w naszym życiu, a także jak bardzo jesteśmy kochani i zadbani. Jest to ten rodzaj świadomości, który skłania do pełnego nadziei i ufnego spojrzenia: zdajemy sobie sprawę z tego, że pomimo spraw niezmienialnych wszystko będzie dobrze.

Nie musimy żyć mrzonkami, by stać się bardziej wdzięcznymi. Nie musimy też być naiwniakami ani marzycielami. Musimy tylko mocno stąpać po ziemi i rozpoznawać dobro, jakie otrzymujemy.

Święty Tomasz z Akwinu, jeden z najznakomitszych ludzi w historii, wybitny średniowieczny myśliciel, w swoich pismach wiele uwagi poświęcił cnotom. Starał się je sklasyfikować logicznie i systematycznie. Zarówno ściśle chrześcijańskie „cnoty teologiczne" wiary, nadziei i miłości, jak i klasyczne „cnoty kardynalne" roztropności, sprawiedliwości, umiarkowania i męstwa uznał za podstawy wszystkich cnót. Gdzie w tej klasyfikacji znalazła się wdzięczność? Święty Tomasz dopatrywał się jej w sprawiedliwości. Jako cnota – wnioskował – usposabia nas ona do oddania każdemu jego należności, wdzięczność zaś należy się naszym dobroczyńcom. Kiedy składamy im podziękowania, jesteśmy sprawiedliwi. Innymi słowy: poszukiwanie dobra w naszym życiu i dziękowanie tym, którzy nam pomogli, to elementy bycia ludźmi sprawiedliwymi i uczciwymi (wobec Boga i bliźnich). Wdzięczność naprawdę nie jest niczym więcej niż sprawiedliwość. Sytuacja odwrotna także się sprawdza:

jeśli nie podziękujemy, mamy poczucie niesprawiedliwości wobec tego, kto uczynił nam dobro.

Prawdopodobnie najważniejszym amerykańskim świętem jest Święto Dziękczynienia. Jego tradycja sięga roku 1621 i uroczystości w Plymouth w stanie Massachusetts. Pierwsze oficjalne ogólnokrajowe Święto Dziękczynienia obchodzono 26 listopada 1789 roku. Prezydent George Washington ogłosił je w specjalnie wydanej proklamacji dniem „publicznego dziękczynienia i modlitwy, potwierdzającego wiele przywilejów, które Wszechmocny Bóg [...] dał". Choć Święto Dziękczynienia postrzegamy głównie jako rodzinne spotkanie przy indyku, duszonych ziemniakach, sosie żurawinowym, cieście dyniowym i jednym czy dwóch meczach NFL, idea tego dnia koncentruje się na wdzięczności. Ma on nas zachęcać do rozpoznania darów, jakie otrzymaliśmy, i podziękowania dobroczyńcom. Centralnym punktem jest wdzięczność Bogu za opiekę sprawowaną nad nami i naszymi bliskimi.

Wynurzenie się z gruzowiska życia po to, by dostrzec piękno, które również jest w nim obecne, to niesamowicie wyzwalające doświadczenie. Smutne i trudne zdarzenia grożą zamknięciem nas w więzieniu lęku i użalania się nad sobą. Czasami czujemy się tak uciskani przez zło i smutek, tak skrępowani trudnościami i przeciwnościami, że brakuje nam minimalnej motywacji koniecznej do wyjścia i podjęcia jakiegoś działania. Wdzięczność oznacza otwarcie oczu na piękno i zdanie sobie sprawy z tego, że za cierpieniem i trudnościami kryją się miłość i dobro. Liczymy się dla kogoś. Ktoś się o nas troszczy. Ktoś nas wypatruje. Za tymi darami stoi Darczyńca, Najlepszy Towarzysz i Ukochany. To Bóg!

Pewnie często słyszysz słowa: „Dzięki Bogu!". Zawierają one w sobie wielką prawdę. Gdyby usiąść i wyliczyć wszystkie cudowne rzeczy, jakie przyprawiły nas o takie westchnienie, nie mielibyśmy czasu na zajmowanie się sobą. Wyszlibyśmy z więzienia tych wszystkich negatywnych emocji, które pętają nas jak łańcuchy. Wdzięczność za to, czego nie możemy zmienić, może być przełomowym krokiem ku pogodzie ducha, której szukamy.

...

Panie, dziś obiecuję być bardziej świadomym wielu błogosławieństw, które otrzymałem. W ciągu dnia znajdę kilka chwil, by powiedzieć „dziękuję" zarówno Tobie, jak i ludziom, którzy okazali mi dobroć. Będę się także starał podziękować Ci za życiowe trudności. Wiem, że masz zamiar wykorzystać je dla mojego dobra.

Rozdział 15

Chodzi o radość

Pewnie oglądałeś film z roku 2000 pt. *Czekolada*. Urocza Juliette Binoche gra w nim Vianne, kontrowersyjną ateistkę i rzemieślniczkę, która „wyzwala" francuską prowincję spod ucisku drętwej chrześcijańskiej moralności. Vianne otwiera sklep z czekoladą w trakcie Wielkiego Postu (jasna sprawa) i uczy mieszkańców, jak na nowo odkryć radość z przyjęcia pokusy, a nie opierania się jej. Film sugeruje, że chrześcijaństwo może stać się największą przeszkodą do szczęścia.

Chrześcijańska moralność często jest przedstawiana jako liczne zakazy: nie rób tego, nie dotykaj tamtego, trzymaj się z dala od jeszcze czegoś innego. Nie jest to zresztą wizerunek powszechny tylko w kulturze popularnej. Często przenika on także do naszej mentalności. Jak często, czy to wprost, czy nie, na zaproszenie do zabawy w trakcie postu odpowiedziałeś: „Chciałbym, ale nie mogę. Jestem wierzący"? To jakby odpowiedzieć: „Rodzice mi nie pozwalają". Jak często wiara wydaje się bardziej przekleństwem niż błogosławieństwem? Dodatkowym ciężarem, a nie wyzwalającą dobrą nowiną? To nie wygląda mi na pogodę ducha.

Nawet przesłanie Ewangelii może wydawać się surowe i nieugięte. To przecież Jezus mówi uczniom wyraźnie: „[...] Kto chce iść za Mną, niech wyrzeknie się samego siebie, niech weźmie swój krzyż i niech postępuje jak Ja" (Mt 16,24). Gdy miły młodzieniec przychodzi do Jezusa po poradę moralną, Pan mówi: „[...] idź, sprzedaj, co posiadasz, i rozdaj ubogim [...]. Potem przyjdź i chodź za Mną" (Mt 19,21). Chrystus podsumowuje swoje nauczanie o poświęcaniu się tymi słowy: „Kto chciałby zachować swoje życie, straci je. A kto straciłby swoje życie dla Mnie, odzyska je" (Mt 16,25).

Wszystko to brzmi tak, że masz ochotę się zastanowić: a może poganie mieli rację? Czy chrześcijaństwo to tylko złe wieści? To dziwne, że Ewangelia ma niby głosić przesłanie radości. Dobrą nowinę. Ciągle o tym słyszymy. A czy przypominasz sobie następujące słowa: „Lud chodzący w ciemności wielką światłość oglądał. Nad przebywającymi w kraju cienia śmierci zajaśniało światło. Zwiększyłeś radość, spotęgowałeś wesele. Rozradowali się przed Tobą radością, jaka panuje w czas żniwa, jak się weselą przy podziale łupów. [...] Albowiem Dziecię nam się narodziło, Syn został nam dany. Na Jego barkach władza spoczywa. I nazwane będzie imieniem: Cudowny Doradca, Bóg mocny, Ojciec wieczności, Książę pokoju [...]" (Iz 9,1–2;5)?

To dopiero początek. Archanioł Gabriel pozdrawia Maryję: „[...] Raduj się, pełna łaski, Pan z tobą!" (Łk 1,28). Gdy brzemienna Maryja odwiedza Elżbietę, maleńki Jan Chrzciciel aż podskakuje w łonie matki z radości. Przy narodzeniu Chrystusa anioł wykrzykuje: „[...] zwiastuję wam wielką radość, która będzie udziałem całego ludu" (Łk 2,10). Podczas działalności publicznej Jezus ogłasza: „[...] przyszedłem, aby [owce] miały życie, i to w całej pełni" (J 10,10). Nawet poważny Święty Paweł „nakazuje" chrześcijanom radowanie się! „Radujcie się zawsze w Panu. Powtarzam raz jeszcze: radujcie się" (Flp 4,4). Głosi, że radość to wypełnienie woli Bożej wobec ludzi: „Zawsze miejcie radość w sercu, nieustannie się módlcie. Dziękujcie

Bogu za wszystko, bo taka jest wola Boża, przekazana nam przez Jezusa Chrystusa" (1 Tes 5,16–18).

Co to wszystko znaczy dla nas, współczesnych uczniów Jezusa? Wystarczy, że obejrzymy wieczorne wiadomości, a już ulatuje z nas cała radość – tak ponura jest sytuacja świata, w którym żyjemy. Czasami życie wydaje się istną męką, a jednak w jakiś sposób mamy przyjmować je z pogodą ducha.

Mówiliśmy już o pokoju obiecanym przez Jezusa uczniom – pokoju, którego nie może dać świat. Właśnie tym jest chrześcijańska radość. To dar dla tych, którzy znają Boga i noszą Go w swoich sercach. Jeśli mamy w sobie ten pokój wbrew wszelkiemu rozumowaniu, jeżeli duchowa radość w nas buzuje, jesteśmy w stanie zaakceptować wiele rzeczy, których nie można zmienić.

Trudno to jednak przełknąć bez pewnych wyjaśnień. „Radość" to nie to samo co „zabawa", „wesołkowatość", „uciecha" czy wiele innych lżejszych form pozytywnych uczuć. Zabawa jest cudowna, ale to nie wszystko, co życie ma nam do zaoferowania. Nieustanne poszukiwanie zabawy przeradza się w dziecinny styl życia i niweczy szanse na realizację najważniejszych zadań. Choć głębsze zaangażowanie w miłość, rodzinę, przyjaźń czy karierę wymaga skupienia i odpowiedzialności, zapewnia trwałą satysfakcję, która przyćmiewa zwykłą zabawę. Zabawa jest jak deser – nie może stać się głównym daniem w naszym życiu.

Największa radość rodzi się ze świadomości, że jesteśmy kochani, że Ojciec trzyma nas w dłoniach. On ma wszystko pod kontrolą i możemy na Nim polegać. Nawet moralne życie staje się piękne, pomimo trudności, dopiero wtedy, kiedy zdamy sobie sprawę z tego, że Bóg prosi nas o różne rzeczy z prostej miłości do nas. Nie nakłada na nas nieuzasadnionych ciężarów tylko po to, byśmy nie mogli zaznać zabawy. Jego zasady mają oświetlić nam drogę prawdy i trwałej radości. Niekiedy czuję się trochę winny, gdy jestem radosny. *Jakim prawem się raduję, skoro tak wielu cierpi?*, myślę. Kapela rockowa Jethro Tull wyraża to w tekście piosenki: „Jak możesz się śmiać, kiedy twoja matka głoduje?". Choć taka postawa wynika z dobrych intencji, to wiem, że z zasady jest niewłaściwa. To prawda, że istnieją nędza i niesprawiedliwość, ale bycie „smutnym chrześcijaninem" (jak ująłby to papież Franciszek) lub odrzucanie radości, nawet w imię solidarności z cierpiącymi, nie ulepszy świata. Każdy potrzebuje nadziei. Dostrzeganie prawdziwej radości w drugim człowieku pozwala wierzyć, że jest ona możliwa i osiągalna. Potrafi nawet być zaraźliwa. Może wyjść poza nas i uczynić życie innych choć trochę bardziej szczęśliwym. Podczas podróży zawsze zdumiewało mnie, że to najbiedniejsze regiony obfitują w radość. W Ameryce Południowej, Afryce i na Haiti jest więcej uśmiechniętych, szczęśliwych ludzi niż w wielu miastach zamożnej Europy. Pomimo realnych niedostatków wciąż potrafią oni doświadczać radości.

Zawsze intrygowało mnie Pawłowe wezwanie wspólnot chrześcijańskich do radości. Pamiętam, że lata temu zadawałem sobie pytania: „Jak to możliwe? Czy radość to nie zwykłe uczucie, emocja, która przychodzi i odchodzi? Jak można nam kazać czuć się w określony sposób?". Myślę, że rzeczywiście istnieje spontaniczna radość, której doświadczamy bez konieczności jej szukania. Można jednak doświadczyć również radości, która jest wyborem, a nawet cnotą. Możemy wybrać życie w radości, dawanie jej innym. Wydaje się to ważniejsze teraz niż kiedykolwiek wcześniej. Wybitny szwajcarski teolog Hans Urs von Balthasar napisał: „Pośród całego tego lęku, jaki cechuje nasze czasy, my, chrześcijanie, wezwani jesteśmy do życia w radości i jej wyrażania"[27]. Radość jest darem, który mamy nieść światu.

Jedynym środkiem do osiągnięcia radości jest skupienie się na niezwykłych darach, które otrzymujemy poprzez naszą wiarę. Doświadczanie ostatecznego zwycięstwa, jakie Chrystus odniósł nad śmiercią i grzechem, to powód do radości – niezależnie od okoliczności życia. Jezus porównuje swoje królestwo do skarbu ukrytego w polu. Opisuje osobę, która odkrywa ów skarb, z radością biegnie, by sprzedać wszystko, co ma, i kupić ziemię ze skarbem (Mt 13,44–46). Człowiek ten mógł się zasmucić, myśląc o wszystkim, co sprzedaje, ale nie – on skupia się na tym, że sprzyjało mu szczęście i odnalazł prawdziwy skarb. Radość jest po prostu przytłaczająca. Albo pomyśl o mężczyźnie, który poznaje miłość swego życia i poślubia ją. To byłoby co najmniej dziwne, gdyby ze smutkiem maszerował do ołtarza, zadręczając się myślami o wszystkich innych kobietach na świecie. Radość z małżeństwa przyćmiewa poświęcenia, jakie pociąga za sobą ten wybór.

Co powstrzymuje nas przed prawdziwą radością? Cierpienie? Nie sądzę. Cierpienie nie zabija radości. Radość idzie w parze ze wszystkim prócz grzechu i rozdartego serca. Kiedy dajemy Bogu jedynie kawałek serca, tylko kawałek życia, choć wiemy, że On pragnie wszystkiego, kończymy smutni i sfrustrowani. Nasze serca są stworzone do bezwarunkowej, nieograniczonej miłości. Hojność przynosi radość, ale skąpe półśrodki już nie. Pomyśl o najszczęśliwszych znanych ci osobach. Czy nie są one najbardziej bezinteresowne i szczodre? Radośni ludzie są także tymi, którzy przyjmują to, czego nie mogą zmienić.

Na zakończenie pierwszego etapu naszej podróży przypominam, byś nadal odmawiał *Modlitwę o pogodę ducha* codziennie, a nawet kilka razy dziennie. Nie prosimy o zrozumienie na poziomie intelektualnym, ale raczej o Boży cud w naszych sercach, abyśmy mogli stać się mężczyznami i kobietami pogodnymi, odważnymi i mądrymi. Cud ten wydarzy się, jeśli zastukamy do bram Bożego serca, jeżeli będziemy błagać o dar prostego życia wypełnionego Jego obecnością.

...

Panie, nie mam na co narzekać. Obdarzyłeś mnie życiem i darem wiary. Pokochałeś mnie i oddałeś za mnie swoje życie. Dziś wyzbędę się wszystkiego, co próbuje ograbić mnie z radości. Odrzucam grzech i egoizm. Przyjmuję miłość i prostotę. Z Twoją łaską wybieram radość.

Część druga

„Odwagi, abym zmieniał to, co zmienić mogę"

Na początku omawiania drugiej części *Modlitwy o pogodę ducha* przypomnę ci raz jeszcze, byś odmawiał ją codziennie, a nawet kilka razy dziennie. Abyś odbywał ze mną podróż ku pokojowi i radości, jakich pragnie dla ciebie Bóg. Odmawianie tej modlitwy to nawyk, który zostanie ci na całe życie. Zdobywanie wiedzy duchowej bez wzrastania w żywej wierze jest dla duszy zdradliwe – przytępia sumienie i zatwardza serce. Czy spotkałeś kiedyś księdza, który potrafił odpowiedzieć na wszystkie pytania, znał Biblię od deski do deski, ale traktował ludzi podle? Może to przydarzyć się każdemu z nas, zarówno duchownym, jak i świeckim. Możemy czytać tony książek o duchowości, studiować Pismo Święte, chodzić do kościoła, ale nigdy nie znaleźć się w głębokiej osobistej relacji z Jezusem, która przemienia życie.

Módl się, módl i jeszcze raz módl. Tak należy czytać niniejszą książkę.

Przyjrzeliśmy się trzem elementom pierwszej części *Modlitwy o pogodę ducha*: samej pogodzie ducha, godzeniu się i uznaniu tego, czego nie możemy zmienić. Rozważyliśmy je i postaraliśmy się zrozumieć ich praktyczne skutki w naszym życiu. Druga część modlitwy również składa się z trzech elementów: odwagi, zmiany i tego, co można zmienić. Przyjrzymy się im dokładniej. Na początek warto określić, co rozumiemy przez każdy z nich.

Odwaga – czy też „męstwo" – to cnota. Postrzegano ją tak już od starożytności. Uważano ją wtedy za jedną z „cnót kardynalnych" (obok roztropności, sprawiedliwości i umiarkowania). Męstwo jest więc „kardynalną", czyli „centralną" cnotą, na której zasadzają się inne. Często kojarzymy odwagę z wojownikami. Nie ulega wątpliwości, że na polu bitwy daje się ją szczególnie zauważyć. Ale, zwłaszcza w obecnych czasach, sięga ona daleko poza okopy i okręty wojenne. Jest właściwa matkom, które stawiają czoła trudnościom, a nawet narażają się na kpiny, codziennie poświęcając się rodzinom; misjonarzom głoszącym Ewangelię w warunkach ogromnego ryzyka; młodym idealistom.

Zmiany wymagają odwagi. Odejście od wygodnego status quo i otworzenie się na nieznaną przyszłość wymagają poświęceń, ponieważ niczego nie da się dokonać bez poniesienia strat. Niektórzy ludzie uwielbiają zmiany – na przykład moja matka, która przeprowadzałaby się co roku, gdyby tylko mogła, tylko po to, by przeżyć przygodę! Inni przechodzą trudne chwile, jeśli muszą zmienić cokolwiek; odruchowo wzdrygają się na każdą sugestię odmiany. Mój ojciec wolałby nigdy nie wyprowadzać się z naszego pierwszego domu i jest najszczęśliwszy, kiedy może wypełniać swoje codzienne rytuały. Niekiedy możemy też bronić się przed zmianą ze względu na innych ludzi – nasi bliscy mogą nie chcieć, byśmy coś zmieniali, ponieważ wpłynie to niekorzystnie na nich. W tym wypadku trzeba odwagi do tego, żeby nie ustawać w wysiłkach i nie tracić determinacji, a jednocześnie zachowywać ducha chrześcijańskiej miłości.

Zmiana, jak wiemy, sama w sobie nie jest ani dobra, ani zła. W uproszczeniu mówi się, że liberał to ten, który każdą zmianę uznaje za dobrą, a konserwatysta to ten, kto wierzy, że niczego nie powinno się robić po raz pierwszy. Żaden z tych stereotypów nie odzwierciedla myślenia mądrego człowieka, który potrafi odróżnić dobrą zmianę od złej. „Poprawa" to częste określenie pozytywnej zmiany, a „pogorszenie" lub „krok do tyłu" – negatywnej. Zmiana może oznaczać wzrost lub kurczenie się, postęp albo regres. Gąsienica, która przemienia się w motyla, jest piękna, ale martwa ryba leżąca godzinami na słońcu zmienia się w niezbyt przyjemny sposób. Powinniśmy chętnie zmieniać to, co trzeba, ale musimy być podejrzliwi wobec tych zmian dla własnego dobra.

Pokorne zaangażowanie się w zmianę wymaga realizmu. Jak przekonamy się w kolejnych rozdziałach, pogodzenie się z naszymi realnymi ograniczeniami, a także niedopuszczanie do tego, by ugasiły one nasz zapał, to oznaki wielkiej dojrzałości przynoszącej wspaniałe owoce.

Rozdział 16

Czy naprawdę możemy coś zmienić?

Pogodna akceptacja to tylko wyimek rzeczywistości. W *Modlitwie o pogodę ducha* jest to pierwsza rzecz, o którą prosimy Boga. Ale to nie wszystko. Bóg nie stworzył nas jako biernych widzów obserwujących scenę świata. Powołał nas na swoich partnerów, dał nam wolność i zdolność do dokonywania zmian. Istnieje mnóstwo spraw, których nie możemy zmienić, ale jest także wiele ważnych rzeczy wręcz wymagających zmiany. Wolność jest straszna – czyni nas odpowiedzialnymi za nasze wybory, a często i za położenie. Ale bywa też zachwycająca, ponieważ pozwala nam wziąć sprawy w swoje ręce i dokonać zmiany.

Możemy zadawać sobie pytanie: „Po co?". Skoro jest tyle rzeczy, których nie mogę zrobić, po co zawracać sobie głowę czymkolwiek? To i tak niewiele da. Kiedy widzimy ogromne problemy ludzkości, zdajemy sobie sprawę z tego, jak głupie z naszej strony jest myślenie, że cokolwiek znaczymy. Na jakiej niby podstawie uważam, że zrobię coś, czego nikt przede mną nie dokonał? Tyle razy przecież próbowałem i zawiodłem. Ponadto, skoro zawierzyliśmy nasze życie Bogu, czy nie okazujemy braku zaufania, nagle chcąc mącić w naszym przeznaczeniu?

Czy kiedykolwiek unikałeś zrobienia czegoś, czego byłbyś w stanie dokonać, tylko dlatego, że nie osiągnąłbyś perfekcji? To pokusa. Bóg nie wymaga od ludzi perfekcji; prosi o zaangażowanie w to, co możemy zrobić.

Istnieje takie stare powiedzenie przypisywane francuskiemu pisarzowi Voltaire'owi: „Lepsze jest wrogiem dobrego". Dążenie do perfekcji często nie kończy się poprawą. Niekiedy musimy poprzestać na zrobieniu tego, co możliwe, zamiast angażować się tylko w przedsięwzięcia, które na pewno przyniosą zadowalające skutki. Innymi słowy: robienie c z e g o k o l w i e k jest zawsze lepsze niż nierobienie niczego, nawet kiedy mamy świadomość, że nie jesteśmy w stanie dokonać wszystkiego. To prawda, że nie rozwiążemy wszystkich problemów świata. To prawda, że nasz wkład wydaje się maleńki w porównaniu z ogromnymi potrzebami społecznymi. Ale choćby najmniejszy gest pomaga. W oczach Boga robienie tego, co możemy, jest wszystkim.

Frances Hodgson Burnett napisała opowiadanie dla dzieci zatytułowane *Kraina błękitnych kwiatów*, które przeczytałem po raz pierwszy już jako dorosły człowiek. Historia ta wywarła na mnie ogromne wrażenie. To opowieść o młodym królu wychowywanym przez Starca. Żył on otoczony pięknem i dobrocią. Pewnego dnia osiągnął taki wiek, że mógł objąć samodzielne panowanie w królestwie. Wtedy wyszedł na ulice miasta i po raz pierwszy zetknął się ze złem i z brzydotą. Spostrzegłszy jego zakłopotanie, dworzanie poradzili mu, by się nie rozglądał, na co on odpowiedział:

> Nie patrzyłbym na nich [...], gdybym wiedział, że nie mogę im pomóc. Nie należy przypatrywać się ciemnościom, gdy nie

ma szans na ich rozjaśnienie światłem. A na tych tutaj patrzę, bo coś należy zrobić. Tylko jeszcze nie wiem co.

Tamtego dnia młody król przechadzał się alejkami i bocznymi uliczkami. Na własne oczy widział zło i nędzę miasta. Długo i intensywnie zastanawiał się nad tym, co może zrobić dla swoich poddanych. Wreszcie wydał edykt: każdy poddany w królestwie miał zasiać błękitny kwiat, którego ziarna zapewnił sam król. Edykt brzmiał następująco:

> W mym ogrodzie, na górskim szczycie, rosną Błękitne Kwiaty. Pewien ptaszek, jeden z moich malutkich braci, sprowadził ich nasionka z ukrytego ogrodu pewnego cesarza. Urodę tych kwiatów można porównać jedynie do piękna nieba o wschodzie słońca. Mają przedziwną moc. Odpędzają zło i nieszczęścia, wyzwalają od pecha i ponurego nastroju. Przy nich nie ma czasu na niezadowolenie, nie ma czasu na zło. Słuchajcie mojej ustawy. Jutro każdy mężczyzna, każda kobieta, każde dziecko w mym królestwie otrzyma nasionka, nie pominiemy nawet osesków. Wszyscy mężczyźni, kobiety, dzieci i niemowlęta, zgodnie z nakazem nowego prawa, zasieją nasionka, po czym będą je podlewać, nawozić, a także dbać o to, aby wyrosły z nich Błękitne Kwiaty. Zadaniem każdego będzie doprowadzenie rośliny do kwitnienia. [...] Kwiaty można siać wszędzie, przy drogach, w szczelinach między murami miejskimi, w starej skrzynce, w doniczce lub w nieużywanej balii, w dowolnym niezagospodarowanym miejscu nawet należącego do kogoś pola czy ogrodu. Każdy jednakże musi zasadzić osobiście swoje nasionka, dbać o nie i pilnie strzec. W przyszłym roku, kiedy Błękitne Kwiaty zakwitną, przejadę moje królestwo wzdłuż

i wszerz i porozdzielam nagrody najlepszym ogrodnikom. Taka jest moja ustawa, której każdy ma przestrzegać.

W ciągu roku królestwo, które przez lata pogrążało się w nędzy, całkowicie się odmieniło. Ludzie pracowali na świeżym powietrzu. Pijacy, złodzieje i próżniacy, którzy nigdy nic nie robili, wyszli ze swoich ciemnych zakamarków na światło słoneczne. Prawie żaden z nich wcześniej nie próbował pielęgnować kwiatów. Teraz zaczęli traktować to poważnie. Było mniej kłótni, ponieważ rozmowy sąsiedzkie zawsze koncentrowały się na temacie kwiatów. Ludzie, którzy je pielęgnowali, zaczęli utrzymywać okoliczne ziemie w lepszym porządku. Nie chcieli oglądać skrawków papieru czy śmieci wokół i sprzątali je. Cała kraina została odmieniona.

Przyszedł czas kwitnienia i wszyscy dzielili to samo uczucie radosnego oczekiwania na to, by pierwsze zielone pędy zaczęły przebijać się na powierzchnię. Pewnego wspaniałego letniego dnia heroldowie oznajmili, że król rozpocznie swoją podróż od objazdu stolicy, by sprawdzić, jak kwitną kwiaty, po czym na równinie odbędzie się festyn. Władca z rozkoszą przechadzał się ulicami i spoglądał na odmienione królestwo.

Nagle natknął się na pusty kawałek ziemi.

Jak do tego doszło? – spytał. – Ten ogród nie jest zaniedbany. Został przekopany i wypielony, ale złamano tu moją ustawę. Nie widzę tu ani jednego Błękitnego Kwiatu.

Właściciel ziemi, mały kaleki chłopiec, stanął drżący przed królem.

– Och, królu! – wykrzyknął – Jestem kaleki i mały i można mnie zabić bez zbytniego wysiłku. Nie mam żadnego kwiatka.

Kiedy otworzyłem opakowanie nasionek, ogarnęła mnie tak wielka radość, że zapomniałem o wiejącym wietrze. Nagle niespodziewany podmuch wichury porwał wszystkie ziarenka, które przepadły na zawsze. Nie pozostało mi nawet jedno. Bałem się powiedzieć o tym komukolwiek. [...]
— Mów dalej – rzekł łagodnie król. – Co zrobiłeś potem?
— Nie mogłem niczego zrobić – rzekł chłopczyk. – Ale utrzymywałem ogródek w czystości i regularnie pieliłem chwasty. Czasem pomagałem innym, przekopując ich ogródki. I każdorazowo, kiedy zauważyłem gdzieś walające się śmieci czy niepotrzebne papiery, podnosiłem je i wyrzucałem, gdzie należy. Jednakże faktem jest, że złamałem królewskie prawo.

Król zsiadł z konia, podniósł kalekiego chłopca i przytulił go do piersi.

Dziś będziesz jechał konno wraz ze mną – powiedział – pojedziemy na zamek na górskim szczycie i zamieszkamy w pobliżu gwiazd i słońca. Kiedy pieliłeś chwasty w malutkim ogródku, przekopywałeś grządki dla innych i ukrywałeś brzydotę i nieporządek, wykonywałeś te same prace co inni, którzy siali Błękitne Kwiaty. Zasiałeś więcej od innych, a twoja nagroda będzie najpiękniejsza, bowiem starałeś się siać, mimo że nie miałeś nasionek.

I my, tak jak kaleki chłopiec, mamy wpływ na świat, który zawsze będzie wydawał się niewielki i prawie bez znaczenia, ponieważ nie mamy koniecznych „nasionek" (talentów, energii, zasobów, mądrości). Wykorzystywanie tego, czym dysponujemy, jest jednak miłe Bogu; jest wszystkim, czego On od nas oczekuje. Pogrążeni w zwyczajności – podłości – życia, często czujemy się, jakbyśmy nie robili nic prócz wyrywania chwastów z naszych małych, pustych ogródków. Nie ma nic dziwnego w myśleniu, że nie jesteśmy produktywni, a nasze życie nie ma znaczenia. Ale nie tak Bóg to postrzega. On patrzy w serca, zbiera z nich owoce duchowe, a nie materialne owoce naszej pracy. Przemienia nasz nędzny, ale szczery wysiłek w duchowy sukces.

Kiedy modlimy się o odwagę, by zmienić to, co możemy, przyjmujemy cudowny Boży plan wobec nas. Godzimy się być Jego rękami i nogami. Każdy zasiany i pielęgnowany kwiat naprawdę czyni świat – w Bożych oczach – lepszym miejscem. Nie jest to pobożne życzenie, dzięki któremu mamy czuć się lepiej z naszymi ograniczeniami, ale prawda znana z wiary: Bóg prosi nas o to, byśmy ofiarowali tylko to, co możemy, ponieważ On już zgodził się zająć resztą. Nasz wkład i Jego łaska stanowią piękną całość.

Rozdział 17

Chleba naszego powszedniego do działania daj nam dzisiaj

Dojrzewanie do odwagi, by zmienić to, co możemy, nie jest zadaniem łatwym. Nasze życie bywa skomplikowane. Czasami spotykają nas naprawdę przytłaczające rzeczy.

Niedawno pojechałem do Rzymu. Na Facebooku i Twitterze napisałem, że wezmę ze sobą do grobu Świętego Piotra modlitwy wiernych, którzy zechcą podzielić się ze mną swoimi potrzebami. W ciągu kilku minut otrzymałem setki, a potem tysiące płynących z serca błagań skierowanych do Pana o cud w życiu. Zwykła obietnica modlitwy w konkretnych intencjach wywołała bardziej płomienny odzew niż którykolwiek z wcześniejszych postów czy tweetów. Intencje próśb były rozmaite: od fizycznego lub emocjonalnego uzdrowienia, przez ratunek dla małżeństwa, po odnowienie wiary w Boga i ludzkość. Gdy klęknąłem przed grobowcem Świętego Piotra, a następnie odczytałem wszystkie intencje zebrane w telefonie, odczułem nieco – a może nawet wiele – cierpienia wyrażonego w tych wiadomościach do mnie. Cierpienie to skłoniło mnie do jeszcze żarliwszej modlitwy: „Panie, błagam Cię, nie zwlekaj!

To Twój lud. Zebrali się na odwagę, by prosić mnie, grzesznika, o modlitwę za nich... Proszę, wysłuchaj teraz ich wołania".

Niemal jednocześnie z naglącą i w pewien sposób rozpaczliwą prośbą o Boże miłosierdzie dotarła do mnie myśl o tym, jak zazwyczaj Bóg zaspokaja nasze potrzeby... Czyni to w dziennych dawkach, w parze z naszymi wysiłkami. Tę metodę udzielania łaski „doraźnej" – dla dobra naszych dusz – odnajdujemy w Ewangelii.

W jednej ze scen apostołowie proszą Jezusa, by nauczył ich się modlić (Łk 11,1–4). Wiedzą, że Jan Chrzciciel uczył swoich uczniów, a teraz chcą usłyszeć dalszą część historii od Mistrza. Czy ich prośba przynajmniej częściowo nie jest wyrazem frustracji wywołanej brakiem odpowiedzi na modlitwy? Uczniowie widywali jednych ludzi uzdrowionych, a innych nadal schorowanych. Byli świadkami potężnych cudów, ale często nie znali odpowiedzi na trudne pytania, kiedy nauczali i uzdrawiali w imię Jezusa. Wiedzieli, że Bóg pragnie słyszeć ich modlitwy, ponieważ sam posłał ich na misję, ale, podobnie jak i my, mieli różne wyniki.

Mówią Jezusowi bez ogródek: „Panie, naucz nas się modlić". Jezus udziela im prostej odpowiedzi: „Kiedy się modlicie, mówcie: Ojcze, niech się święci Twoje imię...".

Każdy wers modlitwy *Ojcze nasz* to duchowa perła, okno, przez które spoglądamy prosto w serce Boga. Jeden fragment upodobałem sobie szczególnie. Wspomniałem o nim w części pierwszej przy okazji studium akceptacji i pogody ducha. Pasuje on także do rozważań o odwadze: „Chleba naszego powszedniego daj nam dzisiaj".

Chleb powszedni. Ludzie wychowani na chlebie tostowym mogą mieć kłopot z tą koncepcją. Chleb w czasach Jezusa – i w większości cywilizowanych krajów współcześnie – jest świeży do dwudziestu czterech godzin, po czym czerstwieje i twardnieje. Przekonałem się o tym dotkliwie. Kiedy wysłano mnie do Rzymu na studia filozoficzne i teologiczne, powierzono mi obowiązek przygotowywania śniadań dla seminarzystów. Każdego ranka o wpół do szóstej przychodziła dostawa świeżego chleba z pobliskiej piekarni. W zależności od liczby osób obecnych na śniadaniu czasami zostawały resztki. Szybko zauważyłem, że przed przyjściem seminarzystów, którzy pomagali przygotować śniadanie, włoski kucharz wyrzucał resztki z poprzedniego dnia. Nie spodobało mi się to marnotrawstwo i założyłem – pochopnie – że kucharz był w zmowie z piekarzem i zamawiał więcej chleba. Pewnego dnia schowałem resztki w spiżarce, by podać je nazajutrz. Nie muszę dodawać, że długo nie wytrwałem w tej praktyce. Choć chleb wyglądał dobrze, kiedy go podałem, nikt nie był w stanie go zjeść. Był czerstwy. Był twardy. Był to chleb wczorajszy.

W modlitwie *Ojcze nasz* Jezus mówi, by prosić Boga o chleb powszedni. Choć często łapię się na tym, że proszę Pana o to, by załatwił wszystko od razu i z wyprzedzeniem, albo marudzę Mu na temat wczorajszych trudności, nie tego oczekuje od nas Jezus. On każe nam prosić Boga o łaskę, której potrzebujemy dziś!

Kiedy prosimy o odwagę do zmiany tego, co możemy zmienić, tak naprawdę mówimy: „Panie, użycz mi odwagi, której potrzebuję dziś, by dokonać tego, czego oczekujesz ode mnie dziś". Idziemy przy Bogu każdego dnia, krok po kroku, w tempie ustalonym przez samego Dobrego Pasterza.

Wcześniej pisałem już o wujku Deksie. Był jednym z moich duchowych bohaterów i mentorów, jeśli chodzi o praktykowanie idei „chleba powszedniego" i odwagi powszedniej. Kiedy dorastałem, nie wyznawał katolicyzmu. O ile mi wiadomo, nie wyznawał zresztą żadnej religii. Był pracoholikiem i architektem. Nie wypełniał zbyt skomplikowanych funkcji w rodzinie. Zawsze okazywał uprzejmość podczas spotkań, ale miałem wrażenie, że ciągle jest w drodze do drzwi, do pracy. Nagle nadszedł kryzys lat 2007–2008, który szczególnie dotknął branżę architektoniczną. W stosunkowo młodym mieście, jakim jest Nowy Jork, starsi, lepiej opłacani architekci, tacy jak Dex, stracili stanowiska jako pierwsi. Dexa zwolniono w roku 2009. Przez cały kolejny rok szukał nowej pracy. Bez powodzenia. Sfrustrowany i bez perspektyw, wraz z ciotką Mary Ellen przeprowadził się do Teksasu, gdzie koszty życia są niższe, a rynek pracy wydaje się lepszy.

Przykro było patrzeć na tę podróż wujka Dexa przez bezrobocie. Po jakimś czasie przestałem pytać go o pracę. Wiedziałem, jak bardzo kochał architekturę, jak biegły był w swoim fachu i jak ciężko pracował.

Ale, jak się okazuje, widziałem tylko kawałek jego podróży. Teraz wiem, że Duch Święty ciężko pracował nad duszą Dexa, zanim wuj został zwolniony i później przez cały okres poszukiwania przez niego pracy w Nowym Jorku. A Dex współpracował. I tak samo dobrze współpracował z Bożą łaską, kiedy krótko po przeprowadzce do Austin zapadł na poważną chorobę. Stawił jej czoła – i nadal to robi – z godnością i siłą świętego.

Pewnego dnia odebrałem telefon od ciotki Mary Ellen. Byłem przygotowany na złe wieści, ponieważ wiedziałem, że lekarze nadal nie postawili diagnozy, a zmęczenie i ból były coraz dotkliwsze. Zamiast przekazać mi ponure wieści, ciotka roześmiała się i powiedziała: „Jonathanie, skarbie, z Dexem dzieje się coś pięknego. Nie wiem, jak inaczej to opisać: myślę, że on zakochuje się w Bogu! Zawsze to ja byłam tą wierzącą, ale teraz to on uczy mnie. To po prostu piękne".

Jedną z rzeczy, których Dex uczył Mary Ellen, a potem mnie, było to, jak w danej chwili żyć radośnie i spokojnie, jak liczyć na to, że Bóg da nam wszystko, czego potrzebujemy do życia, cokolwiek się wydarzy... Tego konkretnego dnia.

W rozdziale piątym podzieliłem się z tobą fragmentem listu, w którym Dex opisał mi swoje doświadczenia chleba powszedniego. Zostawiłem koniec tego pisma, aby umieścić go w rozdziale o odwadze. Pamiętasz? Dex nauczył się akceptować z pogodą ducha to, czego nie mógł zmienić: najpierw brak pracy, a potem chorobę, ponieważ zaufał Bożej opatrzności, która użyczy mu chleba powszedniego. Nie czuł niepokoju – wiedział, że nie potrzebuje niczego więcej niż to, co zapewnia mu Bóg. Ale wtedy „wskoczył" na kolejny poziom zaufania i odwagi.

W tej części listu Dex pisze, że uczy się „dzielić" swoim chlebem powszednim z innymi, „odwdzięczać się Bogu", że tak to ujmę – oddaje dane mu błogosławieństwa komuś, kto potrzebuje ich bardziej.

> Pewnego dnia Mary Ellen powiedziała: „Moja przyjaciółka potrzebuje mojego chleba powszedniego. Czymkolwiek on dzisiaj jest, ofiarowuję go jej".
>
> Rodzina wciąż martwiła się o mnie, więc innego dnia powiedziałem jej: „Dostałem dziś więcej chleba powszedniego, niż potrzebuję. Ofiarowuję go moim dzieciom". Oboje wiedzieliśmy dlaczego.
>
> Nasz chleb powszedni zawsze jest dla nas realny – tak realny jak spełnienie naszych potrzeb – i równie realny jak cierpienie, które odczuwamy.

Cierpiałem, ale moja rodzina i przyjaciele cierpieli bardziej. To było jasne – zarówno dla Mary Ellen, jak i dla mnie – że chleb powszedni dany przez Boga z miłości ma być odebrany z wdzięcznością i z miłością dzielony z innymi.

Odwaga do zmiany tego, co możemy zmienić, nie wymaga od nas heroizmu. Odwaga polega przede wszystkim na powiedzeniu bez lęku „tak" szeptom Ducha Świętego, który zaprasza nas do zaprzestania myślenia o sobie i poświęcenia się na rzecz innych.

Rozdział 18

Jakaś zmiana jest konieczna

Zmiana nie jest łatwa. Kiedy posuwamy się coraz dalej w podróży życia, ideały, które wyznawaliśmy jako młodzi ludzie, łatwo ustępują miejsca rutynie, wydeptanym ścieżkom. Jesteśmy znużeni własnymi wysiłkami i niekiedy tracimy nadzieję na to, że kiedykolwiek przyniosą one owoce. Wśród wielu powodów powstrzymywania się od zmian to nasze błędy szczególnie nas obciążają i ciągną w dół. Porażka potrafi przyprawić nas o poczucie niemocy i nadszarpnąć nasze pragnienie podjęcia kolejnej próby. I choć to prawda, że nasze dawne działania należą do tego, czego nie możemy zmienić, jesteśmy przecież w stanie zaczerpnąć z nich naukę i wzrastać w niewyobrażalny wcześniej sposób. Jeden z najważniejszych rodzajów zmian, do którego zostaliśmy wezwani, nazywa się w chrześcijaństwie „skruchą". Okazywać skruchę oznacza: zmieniać się na lepsze, prowadzić bardziej prawe życie.

Jedną z moich ulubionych współczesnych autorek jest powieściopisarka i autorka opowiadań Flannery O'Connor. Żyła ona zaledwie trzydzieści dziewięć lat, ale zdążyła stworzyć najlepszą anglojęzyczną literaturę wszech czasów. Jej *Complete Stories* w 1972 roku zdobyło National Book Award for Fiction. W dobie internetu jej twórczość zyskała jeszcze większą popularność. O'Connor miała rzadki talent właściwy gigantom duchowości: potrafiła płynnie włączać wiarę i rozum we wszystko, o czym pisała. Przede wszystkim tworzyła fikcję, ale jej opowiadania potrafią tak bardzo zainspirować, że nawet nie wiadomo, jak to się dzieje.

Podobnie jak niektórzy wybitni mistycy, którzy zacierali granice między teologią, filozofią a ascetyzmem, bowiem nie dokonywali między nimi rozróżnień (np. Boecjusz), Flannery O'Connor postrzegała chrześcijańskie życie jako mało skomplikowane: nieważne, co nas spotka; jeśli postanowimy wypełniać świętą wolę Boga, zawsze znajdzie się rozwiązanie naszego kłopotu. Potrafiła nie tylko spisać świetną historię, lecz także podsumować dla czytelnika – i dla każdego chrześcijanina – istotę wielkich życiowych pytań. Przykładowo, napisała kiedyś – będzie to istotne dla naszych rozważań o odwadze i zmianie – że zdrową duszę cechują trzy przymioty: wdzięczność, żal (skrucha) i poczucie misji. Pomyśl o tym przez chwilę. Czy znasz kogoś, kto – zawsze wdzięczny, skruszony i żyjący służbą – nie jest jednocześnie szczęśliwy i święty? Tak naprawdę są to ludzie, z którymi uwielbiamy przebywać. Zawsze myślą o innych i czują się w pełni zadowoleni.

Skrucha to zdrowe ćwiczenie psychologiczne i duchowe. Myślę, że Zygmunt Freud, który przypisywał negatywną rolę poczuciu winy, się mylił. Jak twierdził, wina rodzi się z konfliktu między dominującym superego (czymś w rodzaju wewnętrznego rodzica) a id (siedliskiem popędów). Zdaniem Freuda, superego i wina, która z niego pochodzi, w sposób irracjonalny powstrzymują jednostkę od prawdziwej wolności. W rzeczywistości poczucie winy – jeśli jest zrównoważone – odgrywa ważną rolę w zachowaniu zdrowia psychicznego. Dzięki zetknięciu się z konsekwencjami własnych decyzji zyskujemy motywację do zmiany tego, co jej wymaga. Wypieranie przewin prowadzi donikąd i zamyka drzwi do nawrócenia, którego wszyscy potrzebujemy.

Płacz z żalu wynikającego z własnych błędów, szczególnie tych, które zraniły innych, jest zdrowy i oczyszczający. Powinno się czuć wyrzuty sumienia z powodu złego postępowania. Tylko socjopaci nie żałują bólu lub szkód, jakie wyrządzili innym. A jednak celem tego żalu nie jest pogrążenie nas na zawsze w niepokoju i udręce, lecz raczej poruszenie nas, byśmy znienawidzili swoje grzechy, odrzucili je i wyrzekli się ich. Nawrócenie znaczy dosłownie: „zwrócenie się", „zmiana kierunku". Nawrócenie wydarza się wtedy, gdy odwracamy się od grzechu i kierujemy się ku Bogu.

Szatan, wróg naszej duszy, jest ojcem kłamstwa, dlatego jeśli nie zachowamy ostrożności, może okazać się także mistrzem zamiany zdrowego poczucia winy w siłę destrukcyjną. Jeśli wyrzuty sumienia trwają długo po tym, jak poprosiłeś Boga o wybaczenie, nie pochodzą już od Pana. Są raczej oznakami użalania się nad sobą i braku ufności w Boże miłosierdzie. Skrupulantyzm – dostrzeganie grzechu tam, gdzie go nie ma, i poczucie winy za coś, co wcale nie jest złe – to kolejne kłamstwo. Zły uwielbia je opowiadać.

Szatan chce doprowadzić do odwrócenia natury skruchy, ponieważ wie, że to piękny Boży akt. Wie też, że skruszone serce to pokorne serce, a pokorny człowiek zbliża się do serca Jezusa.

Jak ukształtować skruszone serce? Jak wspomniałem, wymaga to „zwrotu", a także postanowienia poprawy. Prosimy o wybaczenie tych, których skrzywdziliśmy i zdradziliśmy. Ale niezależnie od tego, czy nasz grzech zranił innych, czy też jest wyłącznie osobisty, musimy zacząć od prośby o Boże wybaczenie za nadużycie daru wolnej woli dla egoistycznych celów. On sam jest zdolny prawdziwie usunąć naszą winę i poskładać nas na nowo w całość.

Jedną z najbardziej znanych historii nawrócenia jest opowieść o Świętym Augustynie, biskupie żyjącym w IV wieku w północnej Afryce. Znamy ją dzięki fascynującej książce, w której szczegółowo opisał on długi i piękny proces przyjmowania Boga do swojego życia. Jeśli nie czytaliście *Wyznań*, polecam je z całego serca. Wbrew tytułowi, książka ta nie stanowi serii gorszących opowieści, jak niektóre wylewne wspomnienia, ale raczej wdzięczną opowieść o Bożym miłosierdziu i triumfie Pana w życiu Augustyna. Możemy z powodzeniem utożsamić się z jego niechęcią do zmiany. Augustyn przywiązał się do swojego stylu życia i postrzegał cnotliwą egzystencję jako coś nieosiągalnego. Choć bardzo jej pragnął, powstrzymywał go bezwład wobec własnych przywar. Jak sam określił to w rozmowie z Bogiem:

> Chociaż ze wszystkich stron mi okazywałeś, że taka jest prawda, i byłem już o tym zupełnie przekonany, umiałem Ci odpowiadać tylko sennymi słowami omdlałego człowieka:
> „Jeszcze chwilę! Jeszcze tylko chwilę! Poczekaj nieco…". Lecz ta chwila za chwilą przekraczała wszelką miarę chwil; i to „czekanie nieco" – ciągle się przedłużało.

Zawsze uznawałem „człowieczeństwo" Augustyna za bardzo pocieszające i zachęcające. W pełni mogę utożsamić się z nim, kiedy opisuje letarg towarzyszący mu w przyjmowaniu trudnych rzeczy, o jakie prosi go Bóg. Ale myślę też sobie: *Skoro on był w stanie to zrobić, dlaczego ja nie mogę?* A dlaczego ty nie możesz?

Nawrócenie bierze początek w rozpoznaniu naszych błędów. Następnie przychodzi prośba o wybaczenie, a później – pora na przyjęcie daru wybaczenia i współpracę z Bożą łaską, by zacząć od nowa. Czasami bardzo trudno jest udzielić przebaczenia; niekiedy trudno je też przyjąć. Trudno uwierzyć, że prawdziwie go dostąpiliśmy, trudno wybaczyć samemu sobie. Cała koncepcja „przebaczenia sobie" jest często mylnie pojmowana, jakbyśmy sami potrafili zmazać naszą winę. Nie możemy tego zrobić. Prawdziwe przebaczenie sobie może oznaczać jedynie otwarcie się na przebaczenie w wolności udzielone przez kogoś innego. To konieczne, ponieważ zbyt często kurczowo trzymamy się grzechów, odmawiamy odrzucenia ich mimo okazanej nam łaski. Czasami czujemy niezdrową potrzebę karania się za dawne porażki, które już zostały zmazane. Czerpanie nauki z własnych niepowodzeń to jedno; pławienie się we własnej bezwartościowości to drugie.

Niekiedy postrzegamy nawrócenie jako spektakularną, przemieniającą życie chwilę, która naznacza nas na zawsze. U wielu ludzi pewnie tak jest. Ale nie jest to jedyny rodzaj nawrócenia. Większość ludzi nie doznała drastycznego nawrócenia (jak Augustyn!), ale wszyscy zostaliśmy wezwani do codziennych nawróceń, do zmiany porządku naszego życia, każdego dnia naszej egzystencji. Święty Jan Ewangelista pisze: „Jeżeli mówimy, że nie mamy grzechu, to sami siebie zwodzimy i nie ma w nas prawdy" (1 J 1,8). Pomimo ogólnego ukierunkowania na Boga, codziennie trzeba nam zwracać się do Niego na nowo. Każdego dnia musimy wybierać Go jako Pana naszego życia.

Papież Jan Paweł II w roku 1984 napisał list o nawróceniu, w którym podsumował koncepcję pokuty i nawrócenia:

[…] to jest konkretny i codzienny wysiłek człowieka wspartego łaską Bożą, aby stracić swe życie dla Chrystusa, co jest jedynym sposobem, by je zyskać; aby porzucić dawnego człowieka i przyoblec człowieka nowego; aby przezwyciężać w sobie to, co cielesne, by zwyciężyło to, co jest duchowe; aby nieustannie wznosić się od rzeczy, które są na ziemi, do tych, które są w górze, gdzie przebywa Chrystus.

Cóż to za piękny opis drogi do zmiany tego, co możemy i musimy zmienić! W tym ujęciu nawrócenie stanowi codzienny wysiłek, aby stać się osobą, którą chce nas widzieć Bóg – radosnym nawróconym. Święci tak naprawdę są po prostu odważnymi grzesznikami, ludźmi takimi jak ty i ja, którzy nie boją się zmienić, ponieważ polegają codziennie na wystarczającej łasce Boga.

…

Panie, użycz mi odwagi, bym zmienił w sobie to, co wymaga zmiany. Nie potrafię zrobić tego sam, a jedynie z Twoją pomocą. Wybacz mi, proszę, moje dawne błędy i pomóż odbudować życie według Twojego planu wobec mnie. Weź mnie za rękę i prowadź tam, dokąd chcesz, bym poszedł.

Rozdział 19

Komu jeszcze nie brakuje odwagi?

W starożytności ludzie rywalizowali ze sobą na polach bitew czy arenach, by udowodnić swoją odwagę, którą uznawano za jedną z najważniejszych cnót. Współcześnie mniej się o niej mówi. Zastąpiliśmy ją innymi cnotami, które wydają się ważniejsze w naszych czasach: tolerancją, uczciwością, otwartością umysłu czy świadomością ekologiczną. Z pewnością są to cnoty (jeśli właściwie się je pojmuje), ale odwaga wydaje się odchodzić do lamusa – a szkoda.

Słuszne postępowanie nie jest łatwe i współcześnie potrzeba nam odwagi w tak samo dużym stopniu jak w dawnych wiekach. Dziś często idziemy na skróty i z pewnością doświadczamy mniej fizycznego bólu oraz innych niedogodności dzięki aspirynie, klimatyzacji itp. Ale samo to, że nasze życie jest łatwiejsze, nie oznacza braku miejsca na odwagę. Przykładowo: współcześnie trudniej o zdrowe poświęcenie niż we wcześniejszych pokoleniach, dlatego wytrwanie w małżeństwie wymaga odwagi. Być może jest ona również potrzebna w większym stopniu do przeciwstawiania się obiegowym opiniom i mówienia prawdy.

Odwaga – czy też męstwo – to cnota usposabiająca nas do stawiania czoła trudnościom. A dziś wyzwań nie brakuje.

Odwaga do zmiany tego, co możemy, dotyczy wielu spraw. Cały świat potrzebuje zmiany. Funkcjonują przecież niesprawiedliwe podziały społeczne, pojawiają się nieuczciwy politycy, głodujące dzieci, bezrobotni, samotni seniorzy, zagubione nastolatki i niewierzący, którzy potrzebują wiary. Istniejemy także ty i ja. My też potrzebujemy zmiany.

Bez siły woli i wytrwałości nigdy nie osiągniemy celów, które sobie założyliśmy. Często popadamy w rutynę, która wydaje się nas przytłaczać. Niekiedy czujemy się jak w więzieniu – własnych nałogów, wzorców zachowania, grzechów. Palenie papierosów, kompulsywne jedzenie, pornografia, gniew, uraza, lenistwo, brak zaufania lub jakakolwiek inna forma zachowania, której trudno nam zaprzestać... Wiemy, co powinniśmy zrobić, ale bez względu na to, ile razy postanawiamy się zmienić, wciąż popadamy w ten sam schemat.

Od zeszłego roku mam zaszczyt posługiwać w akademickim programie duszpasterskim na terenie kampusu Columbia University. Niestety, szkolnictwo wyższe w Ameryce to jeden z obszarów kultury, gdzie wiara w Boga, postrzegana jako przeznaczona dla ludzi słabego charakteru, jest wykpiwana lub wyśmiewana jako irracjonalna. Właśnie dlatego tak ożywczym doświadczeniem było towarzyszenie wielu studentom Columbia University, którzy żyli wiarą wbrew silnym przeciwnościom. Kiedy spotykam się z grupą studentów w piątkowe wieczory i słucham, jak z pasją i bystrością umysłu dyskutują o tym, jakie znaczenie ma dana przypowieść, kiedy widzę e-mail od studenta pierwszego roku college'u na temat chęci promowania możliwości pomocy biednym w okolicy, kiedy patrzę na tłumy studentów zbierające się na wieczornej Eucharystii w czasie, w którym wszyscy inni się uczą... nabieram pokory. Ich osobiste poświęcenie dla Boga i życie zgodne z wiarą przez ewangelizację i inne formy posługi, bez względu na konsekwencje, skłaniają mnie do stawania się lepszym człowiekiem i odważniejszym kapłanem Boga.

...

Obdarz mnie odwagą, Panie. Potrzebuję jej teraz bardziej niż kiedykolwiek. Nie pozwól mi wycofać się wtedy, kiedy nie powinienem tego robić. Nie pozwól mi odwracać się, jeśli mogę coś zmienić. Nie pozwól mi spocząć na laurach, gdy mogę i powinienem zrobić więcej.

ROZDZIAŁ 20

Odgrywasz ważną rolę w przedstawieniu

Tylko kilka książek zrobiło na mnie takie wrażenie jak trylogia *Władca Pierścieni* J.R.R. Tolkiena. Dla Tolkiena teksty te nie były po prostu opowieściami. *Władca Pierścieni* to epicka alegoria ludzkiej egzystencji i odwiecznej walki dobra ze złem, pełna ukrytych znaczeń i morałów. Tolkien, pobożny katolik, pojmował świat prawdziwie po chrześcijańsku, co znalazło odzwierciedlenie w jego twórczości. Kluczowym motywem *Hobbita* i *Władcy Pierścieni* jest waga tego, co świat uznaje za nieistotne. Bohaterami nie są tu wybitni ludzie, nieśmiertelne elfy, krzepkie krasnoludy ani nawet mądry, potężny mag, lecz hobbici, „niziołki", czyli mali, ceniący sobie wygodę, palący fajki wieśniacy, którzy zdają sobie sprawę z tego, że niespecjalnie liczą się w wielkich sprawach świata. Nieustannie zaskakują nas, ponieważ nikt zbyt wiele od nich nie oczekuje. Być może przede wszystkim zaskakują siebie.

Łatwo myśleć, że świat zmienia ktoś inny. Kim bowiem jestem ja, kim jesteś ty? Jeśli te pytania odzwierciedlają prawdziwą pokorę – jeżeli zadając je, rozpoznajemy, że bez Bożej łaski nie możemy nic zrobić – wtedy wszystko się zgadza. Wszyscy znamy ludzi, którzy myślą, że świat kręci się wokół nich. Najczęściej są to najmniej znośni kompani. Ale i tak nie powinniśmy nie doceniać tego, czego oczekuje od nas Bóg i co jest przez nas zdolny uczynić. Większość naprawdę wspaniałych mężczyzn i kobiet w historii nigdy nie postrzegała się w kategorii szczególnej wyjątkowości. Czasami tylko okoliczności skłaniały tych ludzi do pokazania charakteru.

Jednym z nich był kardynał John Henry Newman, anglikański teolog. Ten wybitny uczony okazał się także bardzo rozmodlonym i pobożnym człowiekiem. Spisał modlitwy, które stanowią ważny wkład w potężny skarbiec tego rodzaju tekstów. Szczególnie porusza mnie medytacja, którą spisał w roku 1848, kiedy to czuł się niepewny siebie, a obrana ścieżka budziła jego wątpliwości. Wyraził w tym tekście wielką ufność w Bożą opiekę i głębokie poczucie pokoju płynące jedynie ze świadomości, że to Pan ma władzę. W medytacji widać także poświęcenie, o jakie prosił go Bóg.

Newman rozpoczyna medytację tymi słowy:

> Jestem stworzony do czynienia lub stania się czymś, do czego nikt inny nie jest stworzony; mam miejsce w Bożych zamiarach, Bożym świecie, którego nie ma nikt inny; czy jestem bogaty, czy biedny, pogardzany, czy szanowany, Bóg zna mnie i wzywa mnie po imieniu.

Wow! Cóż za niesamowita myśl! To stwierdzenie nie sprawdza się tylko w przypadku Newmana – to prawda o każdym z nas. Uświadomiłem sobie, że pomaga mi powtarzanie sobie tego w kółko. Mamy niezwykłe miejsce w sercu Boga, stanowimy wyjątkową część Jego planu dla świata i historii ludzkości. Nikt z nas nie jest wypadkiem, przypadkowym spotkaniem komórek rozrodczych. Bez względu na okoliczności jesteśmy tutaj, ponieważ Bóg tego chciał i chce nadal. Zarówno wiara, jak i wszechobecne dowody przekonują nas, że to dusza czyni nas tymi, kim jesteśmy. To konstytutywny, boski przymiot naszego jestestwa. To prawda o każdym ludzkim istnieniu, bez względu na to, jak się ono poczęło – czy w wyniku aktu miłości w jedności małżeńskiej, czy ulotnego pożądania, czy nawet nadużycia seksualnego. Bóg stworzył każdego z nas. W chwili pełnej miłości tchnął w materię mającą stać się naszym ciałem, nieśmiertelną duszą, której pragnął, którą pokochał i uczynił częścią swojego planu.

Newman kontynuuje swoje rozważania:

> Bóg stworzył mnie, bym służył Mu w określony sposób; powierzył mi On zadanie, którego nie dał komuś innemu. Mam swoją misję – mogę nie poznać jej w tym życiu, ale zostanie mi ona objawiona w życiu następnym. W jakiś sposób jestem niezbędny do ukończenia Jego celów, równie konieczny na swoim miejscu jak Archanioł na swoim.

To zdumiewające oświadczenie jak na człowieka, który nie miał skłonności do hiperbolizacji. Nieważne, kim jesteś lub jak nędzne wydaje się twoje życie – jest ono niezwykle ważne dla Boga. Kto powiedział, że twoja rola w historii jest mniej ważna od roli prezydenta czy papieża? Bóg cię potrzebuje, ponieważ postanowił cię potrzebować. Twoja cząstka jest tylko twoja; jesteś niezastąpiony.

By to pojąć, nie możemy sądzić siebie ani innych na podstawie pozorów. Musimy spojrzeć z innej perspektywy. Być może przypominasz sobie piękny werset z Pisma: „[...] albowiem (Bóg patrzy) nie na to, na co patrzy człowiek; człowiek patrzy na wygląd, a Jahwe widzi serce" (1 Sm 16,7).

Skoro nasza rola jest tak ważna, jednym z głównych życiowych zadań staje się dotarcie do jej istoty. Najbardziej zdumiewające jest to, że Bóg rzadko objawia wszystko od razu. Nasza rola rozwija się stopniowo, jak rozdziały w powieści, obfituje też w niespodziewane zwroty akcji. Kiedy już myślimy, że rozszyfrowaliśmy swoją misję, Bóg jakby rzuca nam kłody pod nogi. I znów drapiemy się po głowie i zastanawiamy, czegóż to On od nas chce. On widzi szerszą perspektywę, podczas gdy do nas docierają jedynie skrawki. Newman opisuje to tak:

> Mam swój udział w tym wielkim dziele; jestem ogniwem łańcucha, węzłem między osobami. On nie stworzył mnie na próżno. Będę czynić dobrze, będę wykonywał Jego dzieło; będę aniołem pokoju, głosicielem prawdy tam, gdzie jestem, nie planując tego; będę przestrzegał Jego przykazań i służył Mu swoim powołaniem.

Czasami zwyczajne wykonywanie naszej pracy to najpewniejsza droga do wypełnienia powołania. Wstawanie, karmienie dzieci, pójście do pracy, wizyta u przyjaciela, napisanie e-maila, znalezienie czasu na modlitwę, posprzątanie domu... Tak wiele pozornie nużących czynności stanowi tworzywo misji, które dla Boga jest drogocenne. Nie możemy kalkulować efektów naszych działań ani wagi wyborów. Tylko Bóg widzi wszystko.

Newman podsumowuje medytację, oddając się w Bożą opiekę jak Jezus na krzyżu. W ręce Boga powierza swego ducha. „Dlatego też Mu zaufam", pisze.

> Kimkolwiek i gdziekolwiek jestem, nie zostanę odrzucony. Kiedy choruję, choroba moja może Mu posłużyć; kiedy nie wiem, co czynić, i z tego On czerpie pożytek; kiedy pogrążony jestem

w żalu, służę Mu tym żalem. Moja choroba, dylematy czy żal mogą okazać się konieczne przed wielkim końcem, który jest poza naszym poznaniem. On nie czyni niczego nadaremno; może przedłużyć moje życie; może i je skrócić; On wie, co zamierza. Może odebrać mi przyjaciół, może rzucić mnie pośród obcych, może sprawić, że poczuję się opuszczony, podupadnę na duchu; może skryć przede mną przyszłość – ale wciąż wie, co robi.

To wielkie pocieszenie: myśleć, że Bóg wyprowadza dobro – teraz, w tej minucie – z gruzowiska mojego życia. W moim istnieniu nie ma niczego bezużytecznego. Moja choroba, smutek, wzloty i upadki, porażki... wszystko jest dla Niego ważne. To On wszystko odnawia.

Odwaga do zmiany tego, co możemy zmienić, zależy od zrozumienia wagi naszego życia. Zostaliśmy wezwani do wielkości – Bożej wielkości – i pod żadnym pozorem nie powinniśmy sądzić, że nasze życie nie liczy się na tle historii ludzkości. Znaczy ono o wiele więcej, niż nam się wydaje.

...

Panie, jakkolwiek wielkie czy małe wydaje się dzieło mojego życia w oczach świata, ufam, że dla Ciebie jest ono najważniejsze. Odnawiam dziś moje postanowienie o odwadze pomimo wszelkich przeciwności. Nie poddam się obawie przed porażką. Zrobię to, co do mnie należy. Będę żył swoją rolą w Twojej wielkiej opowieści, choć wciąż modlę się, byś mi tę rolę objawił. Zaufam Ci we wszystkim.

Rozdział 21

Wszyscy jesteśmy stworzeni do działania

Czy zauważyłeś kiedyś, jak wiele przypowieści dotyczy przełamywania się i robienia czegoś – i jak bardzo zawiedziony wydaje się Jezus, kiedy nie udaje nam się zadziałać? Przypomnij sobie przypowieść o talentach (Mt 25,14–30 lub Łk 19,11–26). To przypowieść o panu lub królu, który powierza swoją własność sługom z nadzieją, że będą wiedzieli, jak czerpać z niej pożytek. Kiedy wraca, okazuje zadowolenie tym, którzy pomnożyli dobytek, a złości się na ostatniego sługę – ten postanowił zakopać swój talent, zamiast go zainwestować. Zauważ, że człowiek ten nie roztrwonił tego, co otrzymał. Nie wydał pieniędzy. Ukrył je po prostu starannie, by zachować je dla pana. To nie wystarcza. Pan oczekuje od niego czegoś więcej. Przesłanie – przynajmniej jedno z nich – jest jasne. Bóg powierza nam swoje dary i oczekuje od nas działania. Zachowywanie wiary to nie wszystko. Mamy ją szerzyć.

Pomyśl o przypowieści o sądzie ostatecznym, czasie, gdy Jezus zgromadzi przed sobą wszystkich ludzi i rozdzieli ich jak pasterz oddziela owce od kozłów (Mt 25,31–46). Osobliwe wydaje mi się w tej przypowieści to, że potępieni – kozły – nie zostają oskarżeni o zbrodnie, które my uznajemy za złe zachowanie. Jezus nie mówi: „Idźcie precz, wy ohydni złodzieje, cudzołożnicy, gwałciciele i mordercy". Tak naprawdę nie wymienia ani jednej rzeczy, którą zrobili źle! Zbrodnią okazuje się zaniechanie działania, a nie działanie. „[…] Idźcie precz ode Mnie […]! Bo byłem głodny, a nie nakarmiliście Mnie. Byłem spragniony, a nie daliście Mi pić. Byłem przychodniem, a nie przyjęliście Mnie. Byłem nagi, a nie przyodzialiście mnie. Byłem chory i w więzieniu, a nie odwiedziliście Mnie". Mieli zadania do wykonania i się ich nie podjęli. Mieli uczynić dobro, a zawiedli.

Przykłady można by mnożyć, a przesłanie pozostaje bardzo wyraźne. Bóg stworzył nas do czynienia dobra, a nie tylko do unikania zła. Chce, byśmy współpracowali z Nim, a nie jedynie biernie obserwowali. Jak mówi Jezus: „Kto nie jest ze Mną, jest przeciw Mnie […]" (Łk 11,23). Czynienie dobra to, w gruncie rzeczy, sens chrześcijaństwa. W Dziejach Apostolskich Święty Piotr podsumowuje publiczną działalność Jezusa, stwierdzając po prostu, że „[…] przeszedł, dobrze czyniąc […]" (Dz 10,38). Bycie chrześcijaninem oznacza bycie przypisanym do określonej misji. To nieskończenie więcej niż unikanie złego. „Nierobienie niczego złego" nie wyjaśnia sensu chrześcijańskiego życia. To tak jakby powiedzieć, że celem meczu piłki nożnej jest „niedostanie kary". Gracz, który uważa, że gra dobrze tylko dlatego, iż uniknął kar, ale nie wnosi żadnego pozytywnego wkładu, wkrótce pójdzie grzać ławę.

Tomasz z Akwinu nazywa ten rodzaj bierności – tę niemoc działania, kiedy jesteśmy do niego wezwani – „grzechem zaniedbania". Na początek każdej katolickiej liturgii odmawiamy „akt żalu". Prosimy o wybaczenie za to, że zgrzeszyliśmy „myślą, mową, uczynkiem i zaniedbaniem". Prosimy o wybaczenie nie tylko za popełnione złe czyny, lecz także za dobre rzeczy, których zaniechaliśmy – stracone okazje, zlekceważone natchnienia czy wsparcie, jakiego nie udzieliliśmy potrzebującym. Nasze chrześcijańskie powołanie polega na wyjściu i zmienianiu świata przesłaniem Ewangelii oraz praktyką chrześcijańskiej miłości, dlatego byłoby zaniedbaniem z naszej strony, gdyby dni i tygodnie mijały bez naszego aktywnego zaangażowania się w tę misję. Czyste sumienie to takie, które włącza się w misję Chrystusa i Jego ludu.

Prawdziwie chrześcijański rachunek sumienia nie zawiera jedynie pytania: czy zrobiłem coś złego? Są w nim obecne także pytania: jak dawałem świadectwo wierze?, w jaki sposób żyłem chrześcijańską miłością?, ile czasu poświęciłem potrzebom innym? W swoim fascynującym tekście Jan Paweł II wzywa chrześcijan do aktywności w przemienianiu świata. Z gorliwością proroka pisze, że nowe sytuacje, zarówno w Kościele, jak i na świecie, „domagają się dzisiaj ze szczególną siłą zaangażowania świeckich". Skoro brak zaangażowania od zawsze był postawą nie do przyjęcia, jak zauważa, „dziś bardziej jeszcze staje się winą". Owszem, musimy z pogodą ducha godzić się z tym, czego nie możemy zmienić, ale równocześnie winniśmy z odwagą zmieniać to, co możemy. Misja Kościoła należy do każdego z nas. Co więcej, jak dodaje Jan Paweł II: „Nie ma miejsca na bezczynność, bowiem zbyt wiele pracy czeka na wszystkich w winnicy Pańskiej".

Świat stanie się taki, jakim może się stać, tylko dzięki zaangażowaniu wiernych. Nie zostaliśmy wezwani do czekania i patrzenia na to, co się stanie. Chrześcijanin nie jest biernym obserwatorem wydarzeń, lecz aktywnym katalizatorem zmian. W ostatnich słowach Jezus nie kazał uczniom siedzieć i cierpliwie czekać na Jego ponowne przyjście. Nie powiedział im, że mają znaleźć bezpieczną kryjówkę, w której będą mogli „zachować wiarę". Powiedział: „Idźcie na cały świat i nauczajcie wszystkie narody". Jego ostatnie słowa stanowiły ogromnie ważne i onieśmielające polecenie, posłanie skierowane do nas wszystkich.

Każdy chrześcijanin jest wezwany do ewangelizowania. Jedni będą głosić, inni – doradzać, a większość – dawać ciche świadectwo wiary, nadziei i miłości chrześcijańskiej. Nie ma skuteczniejszego świadectwa od miłości. W cudownej pierwszej encyklice, zatytułowanej po prostu *Bóg jest miłością*, papież Benedykt XVI zapisał pamiętne słowa: „Miłość w jej czystości i bezinteresowności jest najlepszym świadectwem o Bogu, w którego wierzymy i który zachęca nas do miłowania". I dodał: „Chrześcijanin wie, kiedy jest czas sposobny do mówienia o Bogu, a kiedy jest słuszne zamilknąć i pozwolić mówić jedynie miłości. On wie, że Bóg jest miłością i staje się obecny właśnie wtedy, gdy nie robi się nic innego ponad to, że się kocha". Oto wzór każdego chrześcijańskiego świadectwa, bez względu na jego konkretną formę.

Misja świeckich jest bardzo ważna: zostaliśmy wezwani do ewangelizacji całego świata – czy też, jak mówił Jezus, „nauczania wszystkich narodów" (Mt 28,19). Niestety, gdy szczodra osoba pyta, jak może „uaktywnić się" w Kościele, często otrzymuje mało satysfakcjonującą lub niewyszukaną odpowiedź. Zawsze narażamy się na ryzyko klerykalizacji świeckości lub zeświecczenia kleru. Gdy rozważamy możliwości działania osoby świeckiej, zbyt często od razu przychodzą nam na myśl jedynie niedzielna liturgia i członkostwo w radzie parafialnej. To dobre rzeczy, owszem, ale to tylko wierzchołek góry lodowej. Życie Kościoła wychodzi daleko poza bramy budynku świątyni i poza niedzielny poranek.

Misją Kościoła jest zmienianie świata. Gdy Jezus opisuje swoich uczniów, posługuje się trzema obrazami. Nazywa nas światłem, solą i zaczynem (drożdżami). Co ciekawe, te trzy wizerunki łączy jedno: żaden z nich nie istnieje dla samego siebie. Nikt po prostu nie wpatruje się w lampę. Nikt nie nakłada sobie na talerz samej soli ani nie je samych drożdży (oprócz Australijczyków – *vegemite* to pasta zrobiona z wyciągu z drożdży). Światło, sól i zaczyn mają wpływać na coś innego. Lampa oświetla świat wokół nas. Sól dodaje smaku potrawom. Drożdże sprawiają, że chleb wyrasta. To ich przeznaczenie: mają zmieniać świat wokół siebie.

Światło Kościoła nie świeci tylko przez godzinę w niedzielny poranek. Musi świecić siedem dni w tygodniu. Kościół w świecie to wspólnota wierzących w Jezusa Chrystusa, którzy przenoszą wiarę na wszystko, co robią – w domu, biurze, klasie, sklepie, fabryce, warzywniaku, sali konferencyjnej. W mojej parafii jest pewna starsza kobieta, której widok za każdym razem podnosi mnie na duchu. Pomimo jej bólu, cierpienia i trudności związanych ze słusznym wiekiem ciągle widzę na jej twarzy uśmiech. Uśmiech ten czyni świat – mój świat – lepszym. To jej dar dla mnie i wielu innych. Dzięki temu uśmiechowi kobieta owa staje się apostołką Dobrej Nowiny.

Poprzez chrzest nie tylko jesteśmy oczyszczani z grzechu i witani w rodzinie Bożej, lecz także zostajemy posłani jako apostołowie narodów. Bóg powierza nam wszystkim udział w Jezusowej misji. Zawsze uderza mnie myśl, że publiczna działalność Jezusa trwała tylko trzy lata. Żył On tylko w jednym miejscu. Przemawiał do względnie niewielkiej liczby ludzi. A jednak Jego przesłanie było skierowane do całego świata, wszystkich czasów i miejsc. To, że współcześnie inni ludzie mogą przez nas usłyszeć Ewangelię i poznać Chrystusa, czyni nasz obowiązek głoszenia przesłania miłości i skruchy tym bardziej naglącym. Wow! Jezus nie pozostawił misji ewangelizacji jedynie profesjonalistom. On powierzył ją każdemu z nas.

Sobór Watykański II także podkreślił interesującą i nieodzowną rolę zwykłych, „ławkowych" katolików. „Zadaniem ludzi świeckich, z tytułu właściwego im powołania, jest szukać Królestwa Bożego, zajmując się sprawami świeckimi i kierując nimi po myśli Bożej". A czymże są „sprawy świeckie"? To prawo, medycyna, rozrywka, reklama, życie rodzinne, sport, budownictwo, lokalna polityka, produkcja, inżynieria, komunikacja – innymi słowy: praktycznie wszystko! W katechizmie czytamy dalej: „Szczególnym więc ich zadaniem jest tak rozświetlać wszystkie sprawy doczesne i tak nimi kierować, aby się ustawicznie dokonywały i rozwijały po myśli Chrystusa i aby służyły chwale Stworzyciela i Odkupiciela". Jak to mówiono w starym serialu *Mission: Impossible*, na którego podstawie powstał film o tym samym tytule: „Oto twoje zadanie, o ile zdecydujesz się go podjąć".

...

Panie, potrzebuję odwagi, by przełamać rutynę biernego widza historii ludzkości. Muszę być twórczy w określaniu mojego wkładu w świat, teraz i w przyszłości. Począwszy od dziś, będę miał oczy szeroko otwarte na każdą okazję do uczynienia pozytywnej odmiany w życiu drugiego człowieka.

Rozdział 22

Marzyciele całego świata, łączcie się!

Zmiana tego, co możemy zmienić, wymaga nie tylko odwagi, lecz także wizji. Musimy wiedzieć, kim jesteśmy i dokąd zmierzamy. Gdy Michał Anioł, jeden z najwybitniejszych rzeźbiarzy wszech czasów, stawał przed ogromnym blokiem marmuru, nie uderzał tylko dłutem i nie czekał, co się stanie. Najpierw w jego głowie pojawiał się pomysł na rzeźbę. Michał Anioł zawsze miał wizję ostatecznego rezultatu, na jakim mu zależało. Sporządzał szkice, po czym przerzucał pomysł na marmur. Odłupywał dłutem to wszystko, co „zakrywało" jego dzieło. Tak powstały *Pieta*, *Mojżesz* i *Dawid*. Najpierw zaistniały one w głowie twórcy, a dopiero potem w kamieniu.

Zmiana siebie i świata wymaga wizji, pomysłu na to, czego szukamy. Nie możemy po prostu ciąć, jak leci, a potem patrzeć, co się stanie. Tak jak Michał Anioł „widział" ukończoną rzeźbę z marmuru, zanim jeszcze rozpoczął pracę, tak i my musimy wyobrazić sobie pożądany stan siebie i społeczeństwa. Nasz świat to marmur, w którym mamy rzeźbić. Choć trzeba nam realizmu, pozwalającego widzieć rzeczy takimi, jakimi są, potrzebujemy też idealizmu, który umożliwia widzenie rzeczy takimi, jakimi mogą być. Oba podejścia są niezbędne.

Realizm trzyma nasze marzenia w ryzach, ale idealizm zachęca do spojrzenia poza to, co już zrobiono dla sprawy wymagającej zmiany. Realizm jest istotny, ponieważ powstrzymuje nas od życia w świecie fikcji, wybawia od rozczarowania związanego z gonitwą za nieosiągalnymi celami. Realizm bez pewnej dozy idealizmu nie zaprowadzi nas jednak daleko. Idealizm każe nam wyjść poza status quo, popycha nas wyżej i dalej.

Amerykanie są szczególnie dumni z pastora dr. Martina Luthera Kinga Jr. (tak, pastora, nie tylko doktora!) i tego, czego dokonał on w dziedzinie praw obywatelskich. Jak sam przyznawał, potrafił to zrobić dzięki opowiadaniu o swojej wizji innym. Umiał wyobrazić sobie inny świat, bardziej sprawiedliwy i opiekuńczy, a jego marzenie okazało się zaraźliwe. Potrafił opisać je w tak przekonujący sposób, że ludzie niemal widzieli ten nowy świat tak samo jak on. Pomimo agresywnych sprzeciwów niektórych ludzi jego wizja zwyciężyła. Wszyscy kojarzymy niesamowitą przemowę, jaką wygłosił 28 sierpnia 1963 roku. Zaczęła się ona od zdumiewających słów: „Mam marzenie". Pastor odmalował w niej obraz innego świata słowami tak zrozumiałymi, że kiedy słuchamy ich dziś, nadal widzimy to, co sobie wyobraził.

„Mam marzenie, że pewnego dnia na czerwonych wzgórzach Georgii synowie byłych niewolników i synowie ich właścicieli będą mogli usiąść razem przy stole braterstwa", powiedział. Jego marzenie sięgało jeszcze dalej. Marzył, że „pewnego dnia nawet stan Missisipi, stan upalny od gorąca niesprawiedliwości, upalny od gorąca ucisku, będzie przekształcony w oazę wolności i sprawiedliwości". King uściślił to marzenie: „Czwórka moich małych dzieci będzie pewnego dnia żyła w kraju, gdzie nie będą osądzane po kolorze ich skóry, ale po istocie ich osobowości". Takie dziedzictwo zostawił swojej ojczyźnie.

Może nasze marzenia nie sięgają tak daleko jak marzenia pastora Kinga. Może nie mamy wybitnego planu dla społeczeństwa. Może nie widzimy tak jasno, dokąd musimy zmierzać, by świat stał się bardziej sprawiedliwy i wolny. Z pewnością możemy jednak wyobrazić sobie lepszą wersję siebie, lepszą przyszłość dla swojej rodziny. Wizja ta jest niezbędna, by zmienić to, co możemy.

Czy kiedykolwiek wyobrażałeś sobie najlepszego możliwego siebie? Gdzie widzisz się za pięć lat? Gdybyś miał w sobie zmienić jedną rzecz, co by to było? Gdyby twój współmałżonek lub inny bliski mógł w tobie coś zmienić, co by to było? Odważna zmiana wymaga wizji.

...

Ojcze Niebieski, w porównaniu z Tobą jestem taki krótkowzroczny. Poszerz moją perspektywę, tak bym zobaczył siebie i świat Twoimi oczami. Pomóż mi więcej myśleć o tym, kim jestem i dokąd powinienem zmierzać. Użycz mi odwagi do kształtowania i realizowania dobrej wizji.

Rozdział 23

Pierwszy do poprawki jesteś ty

Wszyscy pragniemy zmieniać innych. Chcielibyśmy, by współmałżonek mniej zrzędził, by nasze dzieci bardziej nas szanowały, by bracia i siostry traktowali nas lepiej, by współpracownicy i szef doceniali nasze zasługi. Poza tym chcielibyśmy, by politycy byli zarówno rozsądni, jak i szczerzy, by bogaci wykazywali się większą hojnością, by kierowcy bardziej uważali na drogach. Niestety, większość tych ludzi jest poza naszą kontrolą. Ludźmi, na których mamy największy wpływ, jesteśmy my sami. Logika nakazuje, byśmy zmiany zaczynali od siebie. „Ale to nie ja jestem tutaj problemem!", mówimy. Hm... i tak, i nie. Ty i ja jesteśmy częścią problemu. I może ty i ja moglibyśmy stać się większą częścią jego rozwiązania niż w tej chwili.

Jak więc powinna ta zmiana wyglądać? Szkopuł w tym, by stać się bardziej sobą. Każda zmiana powinna być ukierunkowana na stawanie się prawdziwym sobą, takim, jakim stworzył mnie Bóg. Dobra zmiana to krok ku najlepszej wersji mnie. Przed chwilą mówiliśmy o wizji. Czasami najlepszym sposobem na to, by wyobrazić sobie siebie, jest wyobrazić sobie, jak widzi nas Bóg. Kiedy On patrzy na ciebie, co widzi? Gdy marzy o najlepszym tobie, o czym dokładnie marzy? Nie chce zmusić cię do udawania kogoś innego. Pragnie wyprowadzić to, co najlepsze, z tego, kim jesteś.

Gdy pojawiam się w telewizji, mam tę nieprzyjemność, że pudrują mi twarz. Z tego doświadczenia zaczerpnąłem bardzo ważną naukę. Jeden z makijażystów powiedział mi, że dobry make-up powinien podkreślać naszą urodę, a nie ją zmieniać. Makijaż musi wydobyć nasze najlepsze cechy, zamiast sprawiać, byśmy wyglądali jak ktoś inny (moje siostry z pewnością będą mi miały za złe te słowa, ale cóż!). Sądzę, że właśnie tego chce od nas Bóg. Niczym najlepszy „makijażysta" duszy, chce podkreślić nasz charakter cnotami, które uczynią nas pięknymi, czyli dokładnie takimi, jakimi jesteśmy.

To naprawdę dzieje się w duszy. Kiedy myślimy o samorozwoju, czasami odnosimy się do powierzchowności. Na szczycie listy pewnie znalazłyby się dieta i ćwiczenia. *Gdybym tylko był w lepszej formie...*, myślimy. *Gdybym tylko zmieściła się w tę sukienkę... była bardziej pewna siebie... łatwiej nawiązywał kontakty.* W porządku, ale czy to naprawdę najważniejsze?

Jezus popycha nas w innym kierunku. Mówi, że „poganie" interesują się jedzeniem i ubiorem, ale Jego uczniowie powinni sięgać poza te sprawy. Dobra doczesne nie mogą stać się naszym najdroższym skarbem ani najwyższą wartością. Święty Paweł pisał do Kolosan: „Jeśli razem z Chrystusem powstaliście z martwych, szukajcie tego, co w górze, gdzie jest Chrystus siedzący po prawicy Boga. Zdążajcie do tego, co w górze, a nie do tego, co na ziemi" (Kol 3,1–2). Ile czasu poświęcam na „dążenie do tego, co w górze"? Ile to dla mnie znaczy?

Odwaga do zmiany tego, co możemy zmienić, zaczyna się od szczerego wysiłku, by zmienić samego siebie, szczególnie tego duchowego siebie.

...

Panie, wiem, że łatwiej dostrzec to, co chciałbym zmienić w innych, ale skoro wzywasz mnie do zmiany siebie, jestem gotów. Ukaż mi, Panie, jakim chcesz mnie widzieć. Użycz mi wizji takiej osoby, jaką mnie stworzyłeś. Gotów jestem wcielić w życie wszystko, o cokolwiek mnie poprosisz. Moje serce jest gotowe.

Rozdział 24

Błogosławieni miłosierni

Przekonaliśmy się, że odwaga do zmiany samego siebie nie polega głównie na upiększaniu się, na zmianie zewnętrznej. Dieta i ćwiczenia to świetne pomysły, ale bledną one przy prawdziwej, wewnętrznej przemianie. Święty Paweł przypomina nam: „[…] ćwiczenie ciała nie na wiele się przydaje, pobożność zaś mająca obietnicę życia teraźniejszego i przyszłego zawsze ma wielką wartość" (1 Tm 4,8). Zmiana wewnętrzna jest o wiele więcej warta niż jakakolwiek przemiana zewnętrzna. A pośród wszystkich zmian wewnętrznych nie ma ważniejszej niż przemiana serca. Zostaliśmy wezwani do tego, by myśleć i działać jak Chrystus.

Co czyni chrześcijańską moralność tak wyjątkową? Czym różni się ona od moralności znanej z innych religii? Pośród wszelkich możliwych wyjaśnień tej kwestii w nauczaniu Jezusa nie ma chyba równie szczególnego jak prymat miłosierdzia. Bez niego jesteśmy zwyczajnie zgubieni. Wszyscy, bez wyjątku, potrzebują miłosierdzia. Miłosierdzie to bezinteresowny dar, na który nie musieliśmy zasłużyć i bez którego nie możemy żyć. A jednak, choć jest „za darmo", ma swoją cenę. Jezus zastrzega, że aby dostąpić miłosierdzia, musimy je okazywać. Żeby dostąpić Bożego przebaczenia, musimy udzielić ludzkiego przebaczenia drugiemu człowiekowi.

Ufam, że Jezusowe zastrzeżenie co do miłosierdzia to nie tylko wet za wet (jakby wykładał nam On „koszt" swojego miłosierdzia). Moim zdaniem, według Niego tylko miłosierne serce jest zdolne przyjąć miłosierdzie Boże, a także, co chyba najważniejsze, ten, kto naprawdę doświadczył miłosiernej Bożej miłości w głębi swojej duszy, nie powstrzyma się od miłosierdzia względem innych. Jak stwierdził sam Jezus, gdy jawnogrzesznica obmyła Mu stopy łzami i otarła je włosami: „[…] Odpuszczone są jej liczne grzechy, bo wiele umiłowała. Komu zaś się mało odpuszcza, ten mało miłuje" (Łk 7,47).

Ewangelie podkreślają to na każdym kroku. Jezus uczy apostołów modlić się: „[…] przebacz nam nasze winy, jak i my przebaczyliśmy tym, którzy nam zawinili". Ogłasza miłosiernych błogosławionymi, ponieważ dostąpią miłosierdzia. Przytacza przykuwającą uwagę przypowieść o słudze, którego ogromny dług zostaje umorzony przez pana, a mimo to on zwraca się o zwrot pieniędzy do drugiego sługi po pożyczeniu mu niewielkiej części długu zaciągniętego u pana (Mt 18,21–35). Wszystkie nasze grzechy i przewiny mogą zostać wybaczone, jak zapewnia Jezus, ale musimy też zechcieć okazać to samo miłosierdzie naszym braciom i siostrom. Nauka przebaczenia uszlachetnia nas, czyni nas na obraz Ojca w niebie, bogatego w miłosierdzie.

Starożytni uważali sprawiedliwość za najwyższą ludzką wartość, a „prawego człowieka" uznawali za wzór moralności. Jezus nie ujmuje wagi sprawiedliwości, ale dodaje coś jeszcze. Jak mówi, nie przyszedł znosić prawa – czy klasycznych cnót – ale je wypełniać. Sprawiedliwość nieuwieńczona miłosierdziem to nie wszystko. W jednym ze swoich najpiękniejszych listów Święty Jan Paweł II omawia zagadnienie miłosierdzia i sprawiedliwości. Wyraźnie podkreśla, że „sprawiedliwość sama nie wystarcza" i „może doprowadzić do zaprzeczenia i zniweczenia siebie samej, jeśli nie dopuści się do kształtowania życia ludzkiego w różnych jego wymiarach". Miłosierdzie przerywa ciąg wzajemnego obwiniania się i pozwala zapanować prawdziwemu pokojowi – najpierw w naszych sercach.

Pomyśl o konfliktach, z którymi mierzy się współczesny świat. Gdzie leży przyczyna? Przypuszczam, że jest ich wiele, ale gdy tak przyglądam się światu, dostrzegam niesamowite zbieżności w historii różnych toczonych konfliktami obszarów, które nie mogą zaznać pokoju. Wydają się tkwić w kole zemsty i nienawiści zrodzonych z cierpienia. „Skrzywdzono nas, dlatego atakujemy", mówi tamtejsza ludność. „Potraktowano nas niesprawiedliwie, zatem się mścimy". Druga strona konfliktu również czuje się niesprawiedliwie potraktowana, przepuszcza więc odwet. I tak dalej. Kiedy to się skończy? Tylko wtedy, kiedy ktoś, komu nie brak szczodrości i odwagi, powie: „Przestańcie! Wystarczy! Ja wybieram miłosierdzie".

Nie jest to zaproszenie do słabości ani odejścia od zasad sprawiedliwości. Ale czasami nie od sprawiedliwości należy zaczynać, lecz od miłosierdzia.

Moim największym duchowym wyzwaniem i błogosławieństwem w ciągu minionych lat była nauka kochania kogoś, kogo wybory życiowe stały w otwartej opozycji do moich przekonań. Mówię tu o Anne Marie, mojej drogiej siostrze, która kilka lat temu oświadczyła rodzinie, że spotyka się z kobietami. Był to szok dla większości z nas, ponieważ poznaliśmy jej wcześniejszych chłopaków, a ona nigdy nie wspomniała o swoich skłonnościach homoseksualnych; nie odpowiada też stereotypowi lesbijki. Początkowo było względnie łatwo przyjąć to do wiadomości, ponieważ Anne Marie nie miała stałej partnerki. Pojawiała się na rodzinnych spotkaniach i nikt nie poruszał tego tematu. Rozmawialiśmy o tym kilkakrotnie na osobności, podobnie jak inni członkowie rodziny, ale nie mogę stwierdzić, że wiedziałem, co powiedzieć. Pewnie powiedziałem coś w stylu: „Anne Marie, wiesz, że uważam, iż zachowania homoseksualne są niemoralne, a więc niezdrowe dla duszy, i nie mogę cię do tego zachęcać, ale chcę, byś wiedziała, że zawsze będę cię kochać, bez względu na wszystko".

Nim przejdę dalej, powinienem wspomnieć, że Anne Marie nie tylko pozwoliła mi opisać swoją sytuację, lecz nawet zachęciła mnie, bym opowiedział o tym, jak chrześcijańska rodzina, której członek ma skłonności homoseksualne, może uczyć się wzajemnej miłości, a także jak można żyć miłosierdziem pośród bardzo osobistych sporów na drażliwe tematy.

Gdy powiedziałem siostrze, że zawsze będę ją kochał, bez względu na wszystko, nie wiedziałem, jak trudne się to okaże – to znaczy jak źle będzie mi to wychodziło. Anne Marie zaczęła spotykać się z kimś na poważnie i przeprowadziła się do Waszyngtonu, gdzie prawo zezwalało na małżeństwa jednopłciowe. I właśnie wtedy rodzina stawiła czoła trudnościom. Nikt nie podzielał przekonania Anne Marie, że postępuje słusznie. Ale wszyscy chcieliśmy okazać jej bezwarunkową miłość. A więc pójść na ślub czy nie? Wysyłać kartki, prezenty, a może po prostu e-maile? Jak okazać szczerą miłość i miłosierdzie siostrze, córce, kuzynce, nie demonstrując równocześnie, że popieramy jej wybór?

Po ślubie Anne Marie nie pojawiała się na rodzinnych spotkaniach, na których jej małżonka nie była mile widziana. Myślę, że zarówno wybór Anne Marie, jak i dyskomfort członków rodziny miały swoje uzasadnienie. Moi bracia i pozostałe siostry mają małe dzieci. Nie chcieli zostać zmuszeni przez Anne Marie do poruszania z nimi tematu homoseksualizmu na tak wczesnym etapie życia. Nie chcieli, by Anne Marie przedstawiała swoją żonę ich dzieciom jako nową ciotkę. Pragnęli uniknąć niezręcznej sytuacji. Początkowo zaproponowałem, by powiedzieć Anne Marie, że nie ma zachowywać się egoistycznie – po prostu powinna przychodzić na spotkania rodzinne sama. Powiedziałem jej, że czasami trzeba poświęcić się dla innych. Nie poszło mi zbyt dobrze. Anne Marie wyjaśniła mi, że przez wiele lat czuła się, jakby „grała", „żyła w kłamstwie", udawała kogoś, kim nie była. Teraz, jak twierdzi, nie jest w stanie już tego robić. Powiedziała, że na samą myśl o samotnej wizycie u rodziny, by nikogo nie obrazić, robi jej się niedobrze.

Dylemat sięgnął zenitu, gdy rodzeństwo zaczęło planować osiemdziesiąte urodziny taty. Na początku Anne Marie oświadczyła, że woli, by nie brać jej pod uwagę, ponieważ byłoby to dla niej zbyt trudne – nie mogłaby przecież uczestniczyć w wydarzeniu w takich okolicznościach.

Opowiadam tę historię, ponieważ uważam ją za przykład najbardziej bolesnego i złożonego – a także coraz częstszego – dylematu moralnego, z jakim stykamy się jako chrześcijanie. Służy mi ona za studium przypadku w większej sprawie, z jaką mamy do czynienia w tym rozdziale. Mamy uczyć się kochać drugiego tak, jak kocha nas Jezus, choć osoba, którą staramy się kochać, jest poraniona jak my wszyscy.

Anne Marie i nasza rodzina dostąpiliśmy cudu – nie trzęsienia ziemi, które oddaliłoby wszystkie cierpienia, napięcia i niezręczności, ale mimo wszystko cudu. Jestem teraz pewien, że był to pierwszy z wielu małych cudów, który scalił naszą rodzinę bardziej niż cokolwiek wcześniej.

Pewnego ranka dostałem wiadomość od Anne Marie. Pytała, gdzie może znaleźć cały tekst wywiadu z papieżem Franciszkiem, którego udzielił on włoskiemu czasopismu. Franciszek wyjaśniał w nim, jak sam podchodzi do osób homoseksualnych. O tak wczesnej godzinie chyba oboje widzieliśmy tylko nagłówki, ale poprosiłem, by przesłała mi swoje refleksje po lekturze całości. Później napisała, że w jej duszy wydarzyło się coś pięknego, coś cudownego. Oto fragment jej wiadomości:

> Przede wszystkim przy pierwszej lekturze wywiadu z papieżem poczułam się, jakby słuchała głosu Jezusa... Jezusa, w którego mogłabym uwierzyć. Przez ostatnie lata strasznie trudno mi sięgnąć po Pismo Święte. Aż ściska mnie w dołku.
> Wczoraj, przez słowa Franciszka, doświadczyłam Jezusa. Byłabym zawiedziona, gdybym w wywiadzie znalazła tylko to, co podkreślano w wiadomościach... ale tak się nie stało. Wywiad ten pełen jest radykalnej empatii, radykalnej miłości, radykalnego człowieczeństwa, w żaden sposób nie osłabia jednak rozumienia obiektywnej prawdy. W wycinkach prasowych umyślnie pominięto fragmenty o moralnych konsekwencjach płynących z prostego, głębokiego, promiennego przesłania Ewangelii.

Cud, jak to postrzegam, polega na tym, że Anne Marie przez papieża Franciszka doświadczyła do głębi Bożej miłości. Nie stało się to za sprawą powierzchownej lektury przypadkowego artykułu, który byłby zgodny z jej przekonaniami. Z ostatnich kilku zdań fragmentu cytowanej tu wiadomości Anne Marie wynika jej doskonałe zrozumienie tego, że papież nie mówi „róbta, co chceta". Moja siostra wie, że nie zmienia on ani nie podważa nauczania Kościoła i Biblii na temat współżycia osób tej samej płci.

Co zatem się stało? Dlaczego Anne Marie tak poruszyły słowa papieża Franciszka? Czemu moje wielokrotne próby wyjaśnienia jej tego samego przez lata okazały się niewystarczające?

Po wielu modlitwach i rozmyślaniach zrozumiałem, na czym polega różnica. Podczas gdy ja skupiałem się na „mówieniu prawdy w miłości" i „miłowaniu grzesznika, ale nienawiści do grzechu", papież Franciszek położył nacisk na komunikowanie Bożej miłości w taki sposób, by Anne Marie mogła jej doświadczyć. Uczynił to, wychodząc naprzeciw z miłosierdziem, nie jątrząc drażliwych kwestii, ponieważ wszyscy wiedzą, jakie są jego przekonania.

Może powiesz, że to przez zwykłą zmianę tonu wypowiedzi lub podejścia. Też tak początkowo sądziłem. Ale teraz wierzę, że Franciszek robi coś więcej, niż tylko przyjmuje łagodniejszy ton czy obiera lepszą strategię. Kluczowa różnica polega na tym, że pokazuje on, jak kochać w taki sposób, by ludzie doświadczali naszej miłości jako miłości.

Myślę, że tak samo czynił Jezus. Pamiętasz Zacheusza, celnika? W oczach Żydów był on najgorszym z najgorszych, ponieważ zdradzał swoich. Pobierał podatki od rodaków, by przekazywać je Rzymianom, a sam zarabiał, żądając więcej, niż musiał oddać. Ewangelia podaje, że był majętny, musiał więc brać pieniądze od rzeszy ludzi. Jak wiemy, był niskiego wzrostu i nie dbał o zdanie innych. Ewangelia głosi: „Pobiegł więc naprzód i wdrapał się na sykomorę, aby Go zobaczyć, ponieważ miał tamtędy przechodzić". Niski, bezwstydny, bogaty, ciekawski zdrajca… Ładny obrazek! Ewangelia mówi dalej: „Gdy Jezus przyszedł na to miejsce, spojrzał w górę i rzekł do niego: «Zacheuszu, zejdź zaraz, bo chcę dzisiaj zatrzymać się w twoim domu»" (Łk 19,4–6).

Co tu się stało? Jezus okazał miłosierdzie w sposób, który umożliwił Zacheuszowi doświadczenie Go za to, kim był. Jezus nie poprosił, by Zacheusz zszedł, poszedł z nim do świątyni i odczytał fragment Prawa Mojżeszowego na temat oszustwa i kradzieży. Nie dał mu wykładu na temat grzechu. Nie powiedział, że zje z nim tylko pod pewnymi warunkami. Nie oddalił Zacheusza. Postąpił wręcz odwrotnie! „Zacheuszu, zejdź zaraz, bo chcę dzisiaj zatrzymać się w twoim domu". Udał się do Zacheusza; wiedział, że celnik poczuje się tam komfortowo. Nie podszedł do niego jako kaznodzieja, który stara się go nawrócić, ale jako Przyjaciel i Ojciec zbolałego syna, potrzebującego poczucia bycia kochanym. Wzywając go po imieniu, Jezus wyraża, jak bardzo pragnie z nim być: „Zejdź zaraz, bo chcę dzisiaj zatrzymać się w twoim domu".

Najbardziej zdumiewającym i ożywczym elementem tej historii jest dla mnie to, że Jezus nie czuł potrzeby wyjaśniania tłumom, dlaczego chce spędzić czas z Zacheuszem. Zaryzykował nawet niezrozumienie. Ewangelia podaje: „Lecz wszyscy, którzy to widzieli, szemrali: «Do grzesznika poszedł w gościnę»" (Łk 19,7).

Zacheusz staje i mówi do Pana: „Panie, połowę majątku daję ubogim, a jeżeli kogoś skrzywdziłem, to oddaję w czwórnasób". Cóż za nawrócenie! Zacheusz chce teraz iść do ubogich, by sprawiedliwości stało się zadość. Dlaczego? Doświadczył bowiem, że Jezus go kocha!

Podobnie radykalną empatię, radykalną miłość i radykalne człowieczeństwo (i boskość) dostrzegamy w tym, jak Jezus podchodzi do kobiety przyłapanej na cudzołóstwie. Wielokrotnie cytuje się tę opowieść jako dowód na to, że Chrystus zawsze podchodził do grzeszników, przypominając im o ich grzechu („idź i nie grzesz więcej"). Wiem, że sam tak robię.

Ale odczytaj tę historię z perspektywy radykalnie odmiennego nauczania Jezusa tej samej prawdy o grzechu i nawróceniu. Spójrz, jak okazuje miłosierdzie.

Jezus udał się na Górę Oliwną. O świcie zaś znowu był w świątyni i cały lud schodził się do Niego. I nauczał ich. Nauczyciele Prawa i faryzeusze przyprowadzają kobietę pochwyconą na cudzołóstwie. I postawiwszy ją na środku, mówią Mu: «Nauczycielu, tę kobietę pochwycono właśnie na cudzołóstwie. Mojżesz nakazał nam w Prawie kamienować takie, a Ty co powiesz?» Mówili to podstępnie, aby mieli Go o co oskarżyć. A Jezus, pochyliwszy się, pisał coś palcem na ziemi. Gdy jednak pytali Go natarczywie, wyprostował się i rzekł im: «Kto z was jest bez grzechu, niech pierwszy rzuci w nią kamieniem». I pochyliwszy się, znowu pisał na ziemi. Usłyszawszy to, wychodzili jeden po drugim, od starszych począwszy. Pozostał tylko Jezus i na środku kobieta. Jezus wyprostował się i rzekł: «Gdzież oni są, kobieto? Nikt cię nie potępił?». «Nikt, Panie» – odpowiedziała. Rzekł jej Jezus: «I Ja ciebie nie potępiam. Idź i odtąd nie grzesz więcej» (J 8,1–11).

Nim przeczytamy ostatnie słowa Jezusa skierowane do tej kobiety, wyobraźmy sobie, co mówili faryzeusze o Panu i Jego liberalnym podejściu, kiedy odeszli i spotkali się za rogiem. Żaden z nich nie został, by rzucić kamieniem, dlatego nie wiedzieli, co Jezus powiedział do kobiety. Wiedzieli tylko, że nie ukamienował jej. Pozwolił jej iść. Przebaczył jej. A ponieważ Jezus tak bardzo dbał o wyrażanie swojej miłości do tej kobiety w sposób, który pozwolił jej tego doświadczyć, narażał się na poważne ryzyko. Okazuje się, że Jego działania, w tym ów akt wyraźnego stawiania się ponad Prawem, poprowadziły Go na śmierć. Wiedział, że tak się stanie, ale przyszedł na ziemię właśnie po to, by ocalić zgubionych.

Zobaczywszy, że Jezus naraża dla niej życie, kobieta była gotowa wysłuchać pozostałej prawdy o miłosierdziu – o żalu za grzechy. Gdy faryzeusze odeszli, Jezus zwrócił się do niej i powiedział: „I Ja ciebie nie potępiam. Idź i odtąd nie grzesz więcej".

Odkąd Anne Marie wysłała mi wiadomość, którą się z tobą podzieliłem, Bóg działał z mocą we mnie i w innych członkach mojej rodziny, by pokazać nam, jak mamy ją kochać, nie porzucając swoich zasad i przekonań. W praktyce wszyscy poczuliśmy silne wezwanie od Boga, by przemyśleć, jak żyć w rodzinie, nie zgadzając się jednocześnie w drażliwych kwestiach osobistych.

Sądzę, że nie ma lepszego sposobu na wyjaśnienie tego, co Bóg w nas uczynił – i nadal czyni – niż podzielenie się z tobą kolejnym bardzo osobistym e-mailem, tym razem od mojej siostry Mary Hope. Udzieliła mi ona pozwolenia na jego publikację. Jedyną istotną ingerencją, jaką wprowadziłem, jest posłużenie się pseudonimem partnerki Anne Marie, by chronić jej prywatność.

Jonathanie,

Przypuszczam, że Anne Marie albo już to zrobiła, albo jeszcze przekaże Ci wiadomość, którą wysłałam jej w tym tygodniu. Jak wspominałam Ci parę tygodni temu, Mike [mąż Mary Hope] i ja naprawdę byliśmy poruszeni wywiadem z papieżem w połączeniu z e-mailem Annie do Ciebie. Byłam wtedy na rekolekcjach i cały weekend poświęciłam na dokładną lekturę wywiadu oraz refleksję nad nim. Zbiegiem okoliczności Mike zrobił to samo pod moją nieobecność.

Chciałam wyjaśnić Ci nieco więcej, ponieważ tak naprawdę nie przybliżyłam powodów swojej decyzji Annie, ale po prostu dałam jej do zrozumienia, że oboje z mężem postanowiliśmy zmienić naszą relację z nią i Sally.

Z mojej strony był to tak naprawdę o wiele bardziej złożony proces, niż jej to przedstawiłam. Na tamtą sobotę, kiedy byłam na rekolekcjach, przypadało czytanie z Ewangelii św. Mateusza o jego powołaniu... ten sam fragment, o którym mówił Franciszek. Kapłan prowadzący rekolekcje mówił o znaczeniu spożywania posiłku z drugą osobą, opowiadał, jak ważne jest, by dosłownie dzielić się życiem z otaczającymi nas ludźmi, a zwłaszcza z „grzesznikami" i cierpiącymi. Wyjaśniał, że nie chodzi tylko o fizyczną czynność, lecz także o bycie częścią czyjegoś życia; mówił, jak istotne jest, by docierać do zagubionych.

Naprawdę zmagałam się z tym, jak kochać kogoś w pełni, uczynić go częścią swojego życia, a jednocześnie nie pochwalać jego postępowania. Zwłaszcza że jestem przykładem dla moich dzieci. Nasza kultura uczyniła normę z homoseksualizmu, wspólnego mieszkania przed ślubem i tak dalej. To wszystko nas otacza. Chcę upewnić się, że moje dzieci wiedzą, zwłaszcza przez nasz przykład, iż nie jest to normalny styl życia i w ostatecznym rozrachunku nikogo nie uszczęśliwia. Aż do tej pory dla Mike'a i dla mnie było jasne, że powinniśmy robić to, by zapewnić Annie o naszej miłości. Chcieliśmy zaprosić ją do naszego życia, ale nie możemy uznać ich małżeństwa; nie chcieliśmy też dopuszczać Sally i Annie razem do naszych dzieci. Chyba oboje myśleliśmy, że to takie proste, i czuliśmy w związku z tym pokój serca. Wiedzieliśmy, że nie każdy się z nami zgodzi, ale wiedzieliśmy też, że musimy to robić i jest to dla naszej rodziny słuszne.

I wtedy to wszystko się zaczęło. Kiedy czytałam wywiad z papieżem, stało się dla mnie jasne, że muszę zanurzyć się w mojej relacji z Anne Marie [..]. Był to jedyny sposób na to, by doświadczyła ona Bożej miłości, której, tak czuję, potrzebuje najbardziej. Papież powiedział, że nikt nie zbawia się sam jako odizolowana jednostka, ale „Bóg nas przyciąga do siebie, biorąc pod uwagę skomplikowaną sieć relacji międzyosobowych, które nas tworzą dzięki wspólnocie ludzkiej. Bóg wchodzi w tę ludzką dynamikę". Choć nie „wybraliśmy" tego cierpienia, jest to nasza sieć, która w końcu doprowadzi nas do nieba. Jeśli próbuję się z niej wyrwać, nie odpowiadam „tak" życiu, jakiego oczekuje ode mnie Bóg [...], nawet jeśli będzie to przykre, niezręczne, trudne.

Wspomina także, że Kościół musi leczyć rany i że nie można próbować naprawiać pomniejszych rzeczy, skoro tak naprawdę trzeba uleczyć całą osobę i jej zranienia. Kiedy to uczynimy, możemy porozmawiać o całej reszcie. By to zrobić, trzeba nam bliskości. Podobnie jak my wszyscy, Anne Marie jest poraniona, i myślę, że nadal naprawdę cierpi. I, choć nie znam Sally, wiem, że ona także jest skrzywdzona. Papież mówi następnie o duszpasterzach (ale wzięłam to też do siebie): „Powinni być osobami zdolnymi do ogrzewania serc osób, do wchodzenia w ich noc, by móc z nimi rozmawiać, ale także by wejść w ich noc, ciemność, nie zatracając siebie samych". To mnie uderzyło [...]. Muszę upewniać się w swojej wierze z Chrystusem, by nie bać się pełnego zanurzenia w życiu Annie. Myślę, że była to obawa moja i naszej rodziny.

Wreszcie papież mówi o potrzebie niepewności w naszym życiu. Nigdy nie poznamy jasnych odpowiedzi [...], nie będziemy wzrastać w wierze, jeśli pomyślimy, że z całą pewnością to się udało. Nienawidzę nie być pewną tego, co jest słuszne, tego, czego pragnie ode mnie Bóg. Ale muszę przyjąć, że Bóg wzywa każdego z nas powoli i tylko On zna kierunek, w jaki nas posyła. Musimy jedynie odpowiedzieć, nawet jeśli nie pojmujemy tego kierunku i nawet jeśli nie znamy zakończenia. Tego też nie znoszę! To zbyt straszne tak żyć, ale musimy zaufać, że Bóg poprowadzi nas we właściwym kierunku.

Mike i ja nie wiemy dokładnie, jak i dlaczego, ale musimy otworzyć się na Annie i Sally bardziej; zgodziliśmy się też, by Sally spotkała się z dziećmi. Nie wiemy jeszcze, jak to zrobimy, i pewnie nie będzie idealnie. Muszę po prostu odpuścić i zaufać, że Bóg wie.

Annie z taką radością odpowiedziała na nasz list. Chce spędzić dzień z nami i Sally. Chce po prostu przyjechać i wyjść z nami na obiad, jeśli nie będziemy czuli się komfortowo przy dzieciach. Nie wiem jeszcze, co zrobimy, pomódl się więc, proszę, byśmy postąpili słusznie. Szczerze, nie chcę robić z tego „afery". Starsze dzieci wiedzą, że Annie jest lesbijką. Młodszym będziemy mówić, że Sally jest przyjaciółką Annie, a jeśli zajdzie taka potrzeba, wytłumaczymy im to, kiedy podrosną.

Nie wiem, dokąd zmierzamy, ale chciałam, byś zrozumiał, gdzie jesteśmy, ponieważ wiedziałam, że Annie podzieli się z Tobą moim e-mailem.

Do zobaczenia w przyszłym tygodniu!

Serdeczne pozdrowienia!

Mary Hope

Jak widzisz, nasza rodzina nadal nad tym pracuje. Mama i tata, ja i sześcioro rodzeństwa – wszyscy podchodzą do tej i innych sytuacji na różne sposoby. Staramy się być dla siebie cierpliwi, uczyć się od siebie i szanować to, że Bóg wyznaczył inny czas dla każdego.

Owa podróż przez ponowne rozważanie tego, w jaki sposób Bóg zaprasza nas do miłości, nieustannie doprowadza mnie do „wychodzenia naprzeciw z miłosierdziem" i jego trzech właściwości: miłowania (1) bez lęku przed niezrozumieniem ze strony osób trzecich, (2) bez zważania na koszty, (3) bez poświęcania uwagi sprawom innym niż dobro osoby, którą staram się kochać.

Odwaga do zmiany tego, co możemy zmienić, oznacza przełamanie zatwardziałości serca i pozwolenie, by dobroć Chrystusa zajaśniała w naszym życiu, szczególnie przez okazywanie miłosierdzia!

...

Panie, wiem, że potrzebuję miłosierdzia, bo zgrzeszyłem. Dziękuję Ci za okazywanie mi miłosierdzia każdego dnia mojego życia. Proszę Cię teraz o łaskę odwagi w miłosierdziu, jakie okazuję innym. Myślę szczególnie o ludziach, którzy mnie urazili, skruszonych i nieskruszonych. Gotów jestem wybaczyć im urazę – z pomocą Twojej łaski.

Rozdział 25

Most do pojednania

Jedną z największych znanych człowiekowi udręk jest izolacja, zarezerwowana dla najgorszych zbrodniarzy. Judy Clark, więźniarka, o której pisałem wcześniej, została skazana na dwa pełne lata izolacji po tym, jak strażnicy znaleźli jej listy z początków odbywania wyroku, obrazujące jej nadzieje na ucieczkę. Opisała mi, jak to jest przebywać w izolatce. Opowiedziała też o wielu innych więźniach, którzy kompletnie postradali zmysły po o wiele krótszym odosobnieniu. Wspominała, że słyszała, jak więźniowie z cel obok wgryzali się w swoje materace, ponieważ zupełnie stracili kontakt z rzeczywistością.

Jako „zwierzęta społeczne" ludzie powinni przebywać z innymi. Nie potrafimy znieść dłuższego okresu samotności. To doprowadza nas do szaleństwa, ponieważ to w komunii z drugą osobą jesteśmy zdolni odnaleźć samych siebie. Bóg nie żartował, kiedy mówił na początku stworzenia, że nie jest dobrze, by człowiek był sam!

Choć izolacja to okropność, niekiedy sami przeprowadzamy bardzo podobne doświadczenie na sobie. Całkowite odsunięcie się od innych przypomina izolację więzienną, ponieważ bariery, jakie stawiamy między sobą a ludźmi, naprawdę separują nas od nich i pozostawiają samym sobie. W wyniku krzywdy czy zdrady czujemy pokusę, by zamknąć się w sobie. Postanawiamy, że nie będziemy już ufać ludziom ani nie wybaczymy im zła, którego doświadczyliśmy z ich rąk. Znam osoby, które na całe lata odseparowały się od rodziców i rodzeństwa po kłótni. Nie wyciągną ręki na zgodę, by zburzyć powstały mur, i często odpierają próby innych, którzy chcą to zrobić. Czy to nie więzienie? Czy to nie mur, równie niemożliwy do pokonania jak płot z drutu kolczastego lub metalowe kraty?

Pojednanie stanowi rdzeń wiary chrześcijańskiej – bez niego nasza religia nic nie znaczy. Jezus przyszedł na ziemię, by być naszym zbawieniem, naszym pojednaniem z Bogiem i innymi ludźmi. Przyszedł jako wybawiciel – nie po to, by uwolnić nas od zewnętrznego nacisku czy dominacji politycznej, ale by oswobodzić nas z niewoli grzechu, który oddala ludzi od Boga Ojca i od siebie nawzajem. Pokój, który proponuje, przychodzi jako owoc tego wyzwolenia.

Jedną z najlepiej znanych i najbardziej przejmujących przypowieści Jezusa jest ta, która funkcjonuje pod nazwą przypowieści o „synu marnotrawnym" (Łk 15,11–32). Poprzez tę historię Jezus objawia, jakie jest serce Boga, jak bardzo pragnie On pojednania i komunii ze swoimi dziećmi. Według obrazu, jaki maluje Jezus, Ojciec głęboko szanuje wolność swoich dzieci, nawet jeśli jej nadużywają. Nie zmusza nas, byśmy Go kochali. Kiedy młodszy syn prosi ojca, aby ten dał mu część majątku, która przypadłaby mu po śmierci rodziciela, ojciec nie waha się tego uczynić. Daje pieniądze synowi, choć doskonale wie, że syn roztrwoni majątek, który on zdobył wieloletnią ciężką pracą. Tak też się staje.

Ale ojciec – który ma prawo do wściekłości i urazy względem syna – nadal wykazuje się wielkodusznością. Gdy syn wraca do domu, wyczerpany i głodny, ojciec nie czyni mu wyrzutów. Nie stwierdza: „A nie mówiłem?". Nie czeka nawet na przeprosiny syna za jego okropne zachowanie. Wybiega z domu, zarzuca mu ręce na szyję i całuje go. Jego radość przyćmiewa wszystko inne. Ojciec nie pozwala nawet synowi się wytłumaczyć. Posyła sługi po szatę, pierścień i sandały; każe im zabić utuczone cielę, by wyprawić godne przyjęcie dla krnąbrnego syna.

To jasne, że Bóg nie potrafi znieść rozłąki ze swoimi dziećmi. Kiedy schodzimy na manowce, wydaje się, że trawi Go to od środka. Nie powoduje Nim złość. To Jego głęboka i trwała miłość do nas, która objawia się szczególnie jako miłosierdzie i pojednanie. Pojednanie oznacza odbudowę mostu, który się zawalił, przywrócenie zerwanej jedności. Boże przebaczenie usuwa bariery, które oddzielają nas od Niego i siebie nawzajem skuteczniej niż cokolwiek innego.

Nie sądzę, by był to czysty przypadek, że starszy syn z tej przypowieści, ten, który na pozór zachowywał się bez zarzutu i nigdy nie postąpiłby jak ten młodszy, „marnotrawny", nie jest zdolny do okazania miłosierdzia, gdy brat powraca.

Co pojednanie ma wspólnego ze zmianą tego, co możemy zmienić? Czyż nie jest ono bezinteresownym darem od Boga? Jest nim w istocie, ale wymaga od nas dwóch rzeczy. Po pierwsze, potrzebujemy odwagi, by prosić i przyjmować miłosierdzie Boże dane nam za darmo. Tak jak ojciec syna marnotrawnego czekał cierpliwie na powrót dziecka do domu, tak Bóg nie pośle za nami pościgu, by zmusić nas do przyjścia do Niego. Przyjmie nas, kiedy to uczynimy, ale to my musimy chcieć powrotu. Po drugie, trzeba nam odwagi, by szerzyć miłosierdzie pośród innych. Skoro darmo otrzymaliśmy, zostaliśmy wezwani do tego, by darmo dawać. Na szczęście im bardziej doświadczamy skutków Bożego miłosierdzia w naszym życiu, tym łatwiej obdarzyć nam miłosierdziem innych.

To samo nieludzkie doświadczenie izolacji, które doprowadziło innych więźniów do szaleństwa, Judy Clark skłoniło do odważnej decyzji o zmianie. W najmroczniejszych, najbardziej samotnych godzinach swojego życia zaakceptowała ona to, że postąpiła źle, a także przyjęła możliwość osobistego pojednania, nawet za kratkami. A dokładniej postanowiła przyjąć prawdę o nieracjonalnych i złych metodach grupy rewolucjonistów, do której należała. My także mamy wybór. Jeśli między sercem naszym a sercem Boga lub między nami a drugim człowiekiem istnieje wyrwa, możemy zbudować most skruchy i pojednania.

...

Panie, dziękuję Ci, że nie uznajesz dystansu między nami za zbyt wielki lub zbyt mały, by się nim przejmować. Budujesz dla mnie most pojednania. Teraz, o Panie, spróbuję zbudować most miłosierdzia dla tych, którzy mnie urazili. Świadom miłosierdzia, jakie mi okazałeś, oddalę wszelkie urazy i żal względem innych.

Rozdział 26

Wzajemne dźwiganie swoich krzyży

Kiedy cierpimy, trudno nam wyjrzeć poza nasz ból na otaczający świat. To właśnie „wyjście poza siebie" zapewnia nam jednak okazję do rozpoczęcia uzdrawiania zranień duszy. Ze świadomością, że wszyscy dookoła cierpią – lub, mówiąc językiem chrześcijan, noszą swoje krzyże – wzrastamy w komunii z nimi i nasz żal staje się środkiem do zrozumienia innych. Oto sens pięknej cnoty współczucia, z łaciny *compassio*, czyli cierpienia z kimś innym. Doświadczać współczucia to znaczy: przyjąć na siebie żale innych, wejść w ich świat i uczestniczyć w nim.

Cnotę tę praktykuje moja przyjaciółka Judy Clark, która odnalazła w niej bramę do wolności za kratkami. „Każdego dnia mam do czynienia z ludźmi, których życia są skomplikowane, trudne i niesamowite", wyznała. „Przebywam z matkami, które właśnie urodziły, które jednocześnie cierpią, że w tej pamiętnej chwili nie ma przy nich rodziny, ale także są pełne radości i zakochane w swoich niezwykłych maluchach. Siedzenie i słuchanie ich, trzymanie nowego życia w ramionach za każdym razem daje mi poczucie uświęconej chwili, która mnie ożywia i odnawia. Jestem zdumiona i wdzięczna za tę możliwość, podobnie jak jestem wdzięczna za to, że mogę dzielić czyjś żal i złość lub starać się pomóc komuś rozwiązać zagadkę tego, w jaki sposób się tu znalazł. To wszystko niesie ze sobą ogromne bogactwo i sens, a także jest związane z moim procesem odnowy".

Cierpienie może nas izolować, ale może też otwierać nas na innych. Przeżywane właściwie może pomóc nam dojrzeć i uczynić nas bardziej zdolnymi do karmienia innych mądrością, pokojem i zrozumieniem. Ta modlitwa, przypisywana Świętemu Franciszkowi, odzwierciedla takie pragnienie i zdolność karmienia innych przez nasze własne cierpienia:

> O, Boski Mistrzu!
> Spraw, bym nie szukał pocieszenia, lecz niósł pocieszenie;
> nie żądał zrozumienia, lecz miał zrozumienie,
> nie pragnął miłości, lecz darzył miłością.
> Gdyż udzielając drugim, sami się wzbogacamy,
> przebaczając drugim, sami dostępujemy odpuszczenia,
> a umierając, budzimy się do życia wiecznego.
> Amen.

Franciszek modlił się o to, by zapomnieć o sobie. O zdolność dostrzegania i odczuwania potrzeb innych ponad swoimi. O dar empatii. Wszyscy mamy skłonność do egoizmu. Chcemy być rozumiani. Chcemy, by nas słuchano. Żądamy szacunku. Ale nasze pragnienia tego wszystkiego nie są ważniejsze niż okazywanie tego samego innym. Katarzyna ze Sieny zawarła z Jezusem pakt, który uważam za zdumiewająco piękny w prostocie i praktyczności. A raczej to Jezus zawarł z nią umowę, którą ona odważnie przyjęła. „Katarzyno, ty zajmij się moimi sprawami, a ja zajmę się twoimi". Taki sam pakt Jezus chce zawrzeć z każdym z nas: „Zaufaj, że zajmę się tobą, a ty zapomnij o sobie i żyj dla innych". Wiara chrześcijańska mówi, że egoizm to owoc grzechu pierworodnego i skłonność, przeciwko której musimy stanowczo występować. Jedną z pierwszych rzeczy, jakich uczą się małe dzieci, jest idea posiadania: „To moje. Daj mi to". Choć skłonność ta przychodzi naturalnie, z chęcią dawania prezentów zwykle tak nie jest. Musimy uczyć się myśleć o innych, o ich potrzebach, uczuciach i samopoczuciu.

Jeden z wielu absurdów życia polega na tym, że im bardziej skupiamy się na sobie i swoim zadowoleniu, zaniedbując bliźniego, tym więcej w nas niepokoju i nieszczęścia. Kiedy Jezus mówił, że więcej radości jest w dawaniu niż braniu, nie wymagał od nas zachowań nadludzkich. Wykładał jedynie prostą prawdę o naturze człowieka. Radość dawania nie płynie z nagrody za poprawne zachowanie, lecz rodzi się z samego dawania. Kiedy kochamy drugiego człowieka, gdy bezinteresownie dajemy, doświadczamy radości.

Egoizm wydaje się być nie tylko niewłaściwy, lecz także niezdrowy dla psychiki. Tak naprawdę jest on niewłaściwy, ponieważ jest niezdrowy. Ogranicza nas, nie jest wart ludzkiej godności. Czy to nie ciekawe, że ta psychologiczna prawda w pewnym stopniu zdaje się oczywista każdemu – zarówno wierzącemu, jak i niewierzącemu? Nasi bohaterowie, ci, których podziwiamy i stawiamy sobie za wzory, najczęściej prowadzą nieegoistyczne życie. Ludzie dbający głównie o własny interes i samopoczucie w tym życiu, mimo sukcesów, rzadko są wspominani jako wzory, a z pewnością nie jako bohaterowie.

„Odwaga, by zmienić to, co możemy zmienić" wymaga otwartości na spojrzenie poza siebie i dostrzeżenie potrzeb innych. Może i nie naprawimy wszystkiego, ale coś na pewno. Codziennie mamy okazje do wyjścia, do pomocy komuś w potrzebie, do służby. Nie zmieniamy świata za jednym zamachem jakimś zaborczym edyktem. Zmieniamy go, pomagając w danym czasie jednej osobie, robiąc jeden dobry uczynek.

Może oglądałeś ujmujący film pt. *Evan wszechmogący* z 2007 roku ze Stevem Carellem jako Evanem, współczesnym Noem, i Morganem Freemanem jako Bogiem? Bóg prosi Evana, ku rozbawieniu i konsternacji sąsiadów, przyjaciół i rodziny, by ten zbudował arkę. Evan czyni to i wkrótce jego ogródek staje się mieszkaniem dla mnóstwa mniejszych i większych bestii. Ale pod koniec filmu Bóg wyjaśnia Evanowi, że się nie zrozumieli. Pan stwierdza, że świat można zmienić jednym dobrym uczynkiem w danej chwili (ang. *Act of Random Kindness*, w skrócie: *ARK*, czyli 'arka'). To urocze hollywoodzkie przesłanie i fundamentalna prawda. Świat naprawdę zmienia się dobrymi uczynkami. Są to arki, które możemy budować codziennie. Poświęcamy – i słusznie – ogromne ilości czasu i pieniędzy, aby poprawić politykę. Ale żaden burmistrz, senator, sędzia ani prezydent nie zrobi tego, co my możemy zrobić dzisiaj dla naszego bliźniego.

…

Panie, jestem doskonale świadom moich potrzeb i pragnień, ale, niestety, w mniejszym stopniu zdaję sobie sprawę z potrzeb i pragnień innych. Pomóż mi nauczyć się stawiać innych na pierwszym miejscu. Pomóż mi przełamać egoizm, bym służył i kochał jak Ty. Naucz mnie prawdziwie współczuć innym. Pozwól mi doświadczyć radości dawania, a nie brania.

Rozdział 27

Odwaga, by podnieść się po porażce

Jeśli kiedykolwiek się czegoś podjąłeś, pewnie poniosłeś też kiedyś porażkę. Nawet szczególnie uzdolnieni ludzie, którzy zawsze zdają się spadać na cztery łapy, zwykle mają w zanadrzu zaskakujące opowieści o swoich nieudanych próbach. Ale zdobyli pewne doświadczenia, ponieważ nie bali się próbować.

Tak łatwo myśleć, że mamy pecha. Pewnie pamiętasz pocieszną serię *Fistaszki*. Po przegranym meczu baseballa Linus próbuje pocieszyć Charliego Browna utartym frazesem: „Raz się wygrywa, raz się przegrywa". Charlie Brown myśli przez chwilę i odpowiada: „Jej, to super".

Prawda jest taka, że choć trzeba wiele odwagi, by wejść na ring, jeszcze większej wymaga podniesienie się po nokaucie. Odwaga do zmiany tego, czego nie możemy zmienić, nie jest propozycją dla lękliwych. Nic wartego wysiłku nie jest łatwe, rzadko kiedy coś udaje się za pierwszym razem. Zmiana wymaga od nas nauczenia się, jak przezwyciężać przeszkody po drodze i jak doświadczać porażki.

W pewnym numerze *US News & World Report* z 1993 roku John Leo lamentował nad przybierającą na sile kampanią przeciwko sportom zasadzającym się na współzawodnictwie. Usunięcie ich ze szkół miałoby chronić uczniów przed „traumą".

Pracownicy oświaty mieli pewnie dobre intencje, ale według mnie mylili się, kiedy ocenili, że lepiej byłoby, gdyby wszystkie dzieciaki grały w tej samej drużynie, a nie angażowały się w rywalizację, która kończy się dla jednych wygraną, a dla drugich przegraną. Zdrowa aktywność, niemająca u podstaw współzawodnictwa, miała polegać na wspólnym bieganiu po sali za ogromną gumową piłką. Jak przekonywał Leo, sukces tej kampanii byłby nieszczęściem dla kraju.

Sporty uczą determinacji, wytrwałości, pracy zespołowej i męstwa. Nauka przegrywania i wygrywania, wstawania po upadku, zbierania swoich rzeczy i zaczynania od nowa... Ta cnota jest przede wszystkim odpowiedzialna za największe osobiste i zespołowe osiągnięcia ludzkości. Arthur Wellesley, książę Wellington, powiedział podobno: „Bitwa pod Waterloo została wygrana na boiskach w Eton"[39]. Nauka determinacji oznacza też naukę znoszenia porażek. Łatwo jest dobrze wygrywać, ale trudniej dobrze przegrywać.

Kilka lat temu mój znajomy pastor powiedział coś, co naprawdę dało mi do myślenia. Poczynił zdumiewające stwierdzenie, że najgorszym wrogiem chrześcijanina – po samym grzechu – jest zniechęcenie. Zauważył, że to jedno z ulubionych narzędzi diabła. Zniechęcenie, jak stwierdził, „rodzi bierność, zrzeknięcie się odpowiedzialności, a w końcu rozpacz". Jego słowa, jakkolwiek wydały mi się wtedy przesadzone, są zbieżne z moimi doświadczeniami. Zniechęcenie odbiera nam motywację. Pogrąża nas w bezproduktywnym narzekaniu. Nic nie spowalnia nas tak jak ono. Zniechęcenie wysysa z nas siłę i entuzjazm, ściąga w głąb nas samych, odcina od światła i odwagi, jakie daje Duch Święty. Szczególnie po upadku diabeł stara się przekonać nas do użalania się nad sobą, tak jak trener bokserski nakłania swojego zawodnika, by wstał.

Szatan maluje wszystko na czarno i każe nam skupiać się nie na Bożym miłosierdziu i łasce, lecz na naszej beznadziei. Chce, byśmy rzucili ręcznik i poddali się. „Po co to wszystko? Co chcesz osiągnąć? Nie możesz nic zrobić". A jednak wiemy, że Bóg nie myśli w ten sposób. Chce, byśmy wrócili do walki.

Sposobami na zniechęcenie nie są unikanie wyzwań i ograniczanie okazji do stawiania czoła rzeczywistości. Rozwiązaniem jest emocjonalna i duchowa dojrzałość zasadzona na pewności, że Bóg prosi nas o wierność, nie o sukces. Bóg nie wymaga optymizmu; prosi o realizm, w którym weźmiemy też pod uwagę Jego łaskę. Ta wizja, która zawiera to, co wiemy przez wiarę – że Bóg już wygrał wojnę – pozwala zarówno urodzonym pesymistom, jak i optymistom żyć w prawdzie.

Nie jest przyjemnie ciągle upadać. Szczególnie irytują nas upadki w przewiny, które w naszym przekonaniu zostawiliśmy już za sobą. Możemy odczuwać frustrację, kiedy robimy rachunek sumienia i widzimy, że nie ma postępu. Jeśli nie będziemy się sobie przyglądać, może te winy odejdą? Nie jesteśmy sami w przeżywaniu pokusy zniechęcenia. W ewangeliach Jezus ciągle powtarza uczniom, by mieli serce, odwagę i się nie lękali. Zaprasza nas do pewności – nie pomimo słabości, lecz właśnie z jej powodu. Nasze ubóstwo Go nie odstręcza; ono pobudza Jego serce do współczucia. Jezus przychodzi wspomóc tych, którzy Mu zaufali.

Kiedy przyjrzymy się zniechęceniu bliżej, okaże się, że pewne rzeczy nas zaskoczą. Po pierwsze, zniechęcenie wyrasta nie z nadmiaru pokory, lecz z nadmiaru dumy. Często mamy tak wygórowane mniemanie o sobie, że kiedy nie spełniamy standardów, jakie sobie narzuciliśmy, upadamy na duchu. Wyolbrzymiamy swoją wagę, jak gdyby słabość i grzech były ważniejsze od Bożego miłosierdzia i dobroci.

Czasami zniechęcenie pojawia się także, ponieważ nie znamy zbyt dobrze samych siebie. Mamy wygórowane mniemanie o sobie i własnych cnotach, dlatego kiedy upadamy, czujemy się zaskoczeni, zakłopotani, zawstydzeni i chcemy się poddać. Ale cierpienie rodzi się nie tyle z poczucia porażki i obrazy Boga, ile ze zranionej miłości własnej. Jesteśmy zawstydzeni i upokorzeni, gdy dostrzegamy swoją słabość.

Widzę to w swoim życiu. Funkcjonujemy w nowym świecie mediów społecznościowych, dlatego za każdym razem, gdy pojawiam się w telewizji, wygłaszam homilię (kazanie), piszę artykuł czy książkę, otrzymuję mnóstwo informacji zwrotnych. Niektóre są pozytywne, niektóre – negatywne, a inne – wręcz złośliwe. Gdy widzę napastliwe komentarze w internecie lub w swojej korespondencji pochodzące od obcych bądź tych, którzy po prostu są źli na Boga i Kościół, nie wadzi mi to. To nawet zabawne, ponieważ dzięki temu dowiaduję się nieco o ludziach i o tym, do czego są zdolni, gdy sądzą, że pozostają anonimowi. Ale kiedy doświadczam choćby najmniejszej krytyki ze strony ludzi, których znam osobiście, szanuję... Gdy oni mówią, że nawaliłem... Oj, to boli. Boli, ponieważ jestem dumny i próżny! Chcę być kochany i szanowany. Chcę być mądry i spostrzegawczy. Chcę postępować słusznie. Kiedy spotka mnie szczególnie bolesna krytyka tego rodzaju – nieważne, czy sprawiedliwa, czy też nie – jedną z moich reakcji jest chęć wycofania się z działalności publicznej. Myślę sobie: „Czy naprawdę warto?". Z czasem i modlitwą zaczynam godzić się z tym, że moje zniechęcenie wypływa ze zranionego ego, które nie jest głosem Boga.

Odejście od zniechęcenia i zaufanie Bogu wymaga przekierowania uwagi na naszą małość w porównaniu z Jego wielkością. Zniechęcenie zwykle pojawia się wtedy, kiedy przestajemy szukać Boga (dla którego wszystko jest możliwe) i skupiamy się na sobie (a przecież nie możemy nic zrobić bez Niego). Może wydawać się nawet, że zniechęcenie to „właściwa" i „pokorna" reakcja na porażkę, jakby pogodna ufność w Bogu miała kłócić się z rzeczywistością naszej słabości.

W tych sytuacjach szczególnie pomocne bywa potraktowanie zniechęcenia jako pokusy. Użalanie się nad sobą i pozwolenie zniechęceniu, by nas pochwyciło, nikomu nie służy. Nie pomaga nam, nie cieszy Boga i nie wspiera innych ludzi. Na swoje wychodzi jedynie diabeł, który uwielbia widzieć nas wątpiących w miłość i miłosierdzie Boże.

Pomyśl o dobrym Piotrze, który chodzi po wodzie, żyje pośród cudów. Ewangelia podaje, że: „[…] widząc gwałtowny wiatr, przestraszył się i zaczął tonąć [...]" (Mt 14,30). Innymi słowy, kiedy tylko spuścił wzrok z Chrystusa i zaczął myśleć o przeciwnościach oraz o swojej ludzkiej niezdolności do tego, co właśnie robił, zaczął tonąć. Odwaga i pewność pochodzą z siły i wierności Bożej, a nie naszej. To Jego moc podnosi nas i pozwala nam czynić rzeczy, których nigdy nie dokonalibyśmy sami.

By przezwyciężyć zniechęcenie, potrzeba dwóch cnót: odwagi i nadziei. Odwaga umacnia nas w parciu do przodu mimo przeciwności. Próbujemy dalej, nie pozwalamy niepowodzeniom nas powstrzymać. Nadzieja uczy nas pokładania ufności w Bogu, który obdarza nas łaską potrzebną do czynienia postępów i obiecuje ostateczne zwycięstwo. On nigdy nie opuszcza nas w potrzebie. Stoi u naszego boku, przebacza upadki i pociesza w trudnościach. W jedności z Nim możemy naprawdę robić wszystko, mimo że postęp wydaje się niekiedy boleśnie powolny. Kiedyś, może wkrótce, nasza ufność zostanie wynagrodzona.

To sprawdza się nie tylko w przypadku doczesnych niepowodzeń, lecz także niedostatków moralnych czy duchowych. Bóg nigdy nie chce grzechu, ale kiedy grzeszymy, okazuje nam miłosierdzie natychmiast; nie chce, byśmy oddzielali się od Niego. Święty z Auschwitz, Maksymilian Kolbe, pisał: „Jak się poczujecie winnymi, chociażby to był grzech zupełnie świadomy i ciężki, i często, bardzo często się powtarzający, nie dajcie się nigdy oszukać diabłu zniechęcenia". Diabeł powie nam, że jesteśmy nieudacznikami, że Bóg ma nas dość, że nie ma nadziei dla takich jak my. Ale on jest ojcem kłamstwa.

Potrzebujemy odwagi, by wstać i zacząć od nowa z pokorą i pewnością. Bóg potrafi wyprowadzić cudowne rzeczy z naszych porażek i upadków, począwszy od lepszego rozpoznania naszych słabości i potrzeby Jego łaski. Nawet jeśli upadliśmy bardzo nisko, postąpiliśmy bardzo źle albo odeszliśmy od Boga na długo, nadzieja nie pozostaje wyborem – jest koniecznością. On zawsze wzywa nas z powrotem do siebie, zawsze pragnie naszej przyjaźni, zawsze okazuje miłosierdzie tym, którzy Go potrzebują. Chce nas z powrotem!

...

Drogi Panie, uczyniłem wiele zła w moim życiu. Rzadko realizuję swoje postanowienia i nie jestem tak szczodrą, kochającą osobą, jaką pragniesz, bym był. Ale ja wierzę w Twoją miłość. Wierzę w Twoją moc przemienienia mnie. Wierzę, że chcesz, bym wstał i walczył dalej. Ulepsz dzieło moich rąk!

Rozdział 28

Zacznij od małych kroków

W przezabawnej produkcji z 1991 roku pt. *Co z tym Bobem?* Richard Dreyfuss gra wziętego psychiatrę, doktora Leo Marvina, który musi radzić sobie z cierpiącym na zaburzenia obsesyjno--kompulsywne Bobem Wileyem (w tej roli Bill Murray). Przy pierwszym spotkaniu doktor Marvin nie czuje się na siłach, by go leczyć, próbuje więc cichaczem się go pozbyć – wręcza mu egzemplarz swojej książki pt. *Małe kroki*. Jego rozmowa z Bobem wygląda tak:

Bob: Małe kroki.

Marvin: Trzeba sobie wytyczać rozsądne cele. Krok po kroku.

Bob: Małe kroki.

Marvin: Gdy będziesz stąd wychodził, nie myśl o tym, co musisz zrobić, żeby wyjść z budynku, ale co robić, żeby wyjść z gabinetu. Potem zajmij się korytarzem. Rozumiesz?

Bob: Małe kroki.

Choć film wydaje się nieco pokręcony, rada Marvina nie jest taka zła. Podsumowuje on w niej ludzką mądrość zdobytą przez wieki. Można tu przywołać bajkę Ezopa pt. *Powolny i wytrwały wygrywa wyścig*, opatrzoną ilustracją żółwia pokonującego w wyścigu o wiele szybszego zająca. „Nie od razu Rzym zbudowano" – to francuskie przysłowie z XII wieku traktujące o potrzebie cierpliwości i wytrwałości w naszych poczynaniach. Średniowieczna mądrość mówi za to: *age quod agis*, czyli 'rób, co robisz'. To starsza wersja zachęty do życia tu i teraz i stawiania jednego kroku w danej chwili. Często zawodzimy, ponieważ nie ustalamy sobie tempa. Nie określamy zasobów i nie oceniamy realistycznie naszych możliwości. Odgryzamy większy kęs, niż jesteśmy w stanie przełknąć, co frustruje nas i wprawia w złość.

Jezus także mówił o tym w przypowieści. Nieroztropny król wystawia dziesięć tysięcy żołnierzy w bitwie przeciwko dwudziestu tysiącom żołnierzy wrogiej armii (Łk 14,31–11). Nawet o tym nie myśl, radzi Jezus; zamiast tego poślij poselstwo, by poprosiło o warunki pokoju, zanim sprawy nabiorą złego obrotu. By przesłanie utkwiło uczniom w głowach, podaje także przykład człowieka, który chce wznieść wieżę, ale nie ma na to środków. Zostawia wieżę zbudowaną w połowie i staje się pośmiewiskiem wspólnoty. W Rzymie, w którym mieszkałem kilka lat, można znaleźć mnóstwo zbudowanych do połowy mostów prowadzących donikąd – w pełni pojmuję, co Jezus miał na myśli. On chce, byśmy byli realistami i podchodzili do swoich pomysłów z rozwagą. Małe kroki. Lepiej zabrać się za mniejsze przedsięwzięcie i ukończyć je niż za ambitniejszy projekt, który zostawimy w połowie.

Co to wszystko ma wspólnego ze mną czy z tobą? Jeśli chcemy się zmienić, musimy wybierać niewielkie, konkretne obszary, nad którymi popracujemy. Nie zmienimy się z dnia na dzień. Pomyśl o wszystkich postanowieniach noworocznych, których nie zrealizowałeś, o najlepszych postanowieniach, jakie poczyniłeś, a następnie o najgorszych. Spójrz na te, których się trzymasz, i na te zarzucone. Wydaje mi się, że wiele naszych porażek bierze się z nad wyraz ambitnych planów, które powzięliśmy w chwili euforii i zarzuciliśmy równie prędko w momencie zniechęcenia. „Co ja sobie myślałem?", pytamy. Odwaga, by zmienić to, co możemy, nadaje sprawom bieg, jest połączona z rozwagą i wytrwałością. Życie to maraton, a nie wyścig na pięćdziesiąt metrów. To długa podróż i tylko plany, w których bierze się to pod uwagę, kończą się powodzeniem.

…

Panie, wiem, że chcesz, abym posuwał się do przodu, nawet jeśli oznacza to poruszanie się w żółwim tempie. Pomóż mi stawiać małe, ale znaczące kroki ku Tobie. Dopomóż mi w byciu zadowolonym z postępów, o które mnie prosisz, a nie z tych, które ja chciałbym czynić.

Rozdział 29

Skoro Dawid to zrobił, to ja też mogę

Pisałem wcześniej o królu Dawidzie i jego kłopotach ze zbroją Saula, która okazała się raczej zawadą niż pomocą. Możemy wyciągnąć pewne nauki, jeśli przyjrzymy się bliżej tej wybitnej postaci biblijnej; możemy także nabrać odwagi.

Dawid nie ma wielkiego wsparcia. Być może kojarzysz, że jest biednym pasterzem i najmłodszym członkiem rodziny. Właściwie to kiedy prorok Samuel przychodzi do domu jego ojca i prosi Jessego, by zgromadził on swoich synów, Jesse nawet nie woła małego Dawida, który pasie owce. Dawid nie jest ważny. Jesse zakłada, że do czegokolwiek mógłby się przydać Dawid, jeden z jego starszych braci i tak zrobi to lepiej.

Ale Bóg i tak wybiera Dawida. Wyróżnia go, przeznacza do wielkich rzeczy – ma on zostać królem Izraela. Z Bogiem u boku Dawid rozpoczyna spektakularną karierę. Wygrywa bitwy, przyciąga uwagę pięknych kobiet, zyskuje popularność. Ale gdzieś po drodze woda sodowa uderza mu do głowy. Wkrótce robi się zbyt pewny siebie, leniwy i zostaje w domu, podczas gdy jego żołnierze idą walczyć. Ta bezczynność sprowadza na niego wielkie kłopoty. Spostrzega kąpiącą się urodziwą Batszebę – żonę Uriasza, jednego z wojowników. Dawid zawsze dostaje to, czego chce, a chce Batszeby. Więc ją sobie weźmie.

Potem jest jeszcze gorzej. Batszeba zachodzi w ciążę, a Dawid zamiast powiedzieć całą prawdę i przyznać się do błędu, popełnia jeszcze większy: posyła Uriasza na śmierć – pozostawia go bez ochrony w bitwie, w której wróg ma przewagę. Można by dalej wymieniać słabości i wpadki Dawida. To postać tragiczna, pod wieloma względami podobna do nas. Ale także znamienita. Pomimo grzechów i upadków Dawid okazuje się na tyle pokorny i na tyle ufa Bogu, że okazuje skruchę. A Bóg, ponieważ jest Bogiem, przebacza mu. Ciągle na nowo Dawid zmienia to, co może zmienić, i pozwala Bogu zmienić resztę.

Dawidowi przypisuje się autorstwo jednej z najpiękniejszych psalmów – o głębokim żalu i skrusze. Ten utwór został rzekomo spisany po historii z Batszebą i Uriaszem. Nie przytoczę go tutaj w całości (możesz zajrzeć do Biblii), ale rozpoczyna się tymi słowy: „Zmiłuj się nade mną, Boże, według miłosierdzia Twego, według wielkiej litości Twojej zgładź nieprawości moje! Obmyj mnie całkowicie z mojej winy i oczyść mnie z grzechu mego!" (Ps 51,3–4).

Historia – a zwłaszcza historia zbawienia – podaje nam kolejne przykłady słabych jednostek, które na końcu dokonują wielkich i ważkich rzeczy. Dobrze wiedzieć, że nie jesteśmy sami w naszej słabości. Elementem odwagi do zmian jest rezygnacja z wymówek. Lepiej dotrzeć do mety z obrażeniami, niż nawet nie wystartować w biegu.

...

Drogi Panie, kiedy tak patrzę na wszystko, o co mnie prosisz, nie czuję się zbyt odważny. Jestem głęboko świadomy swojej słabości. Dziękuję Ci, że obdarzasz mnie tyloma dobrymi przykładami ludzi, którzy byli słabi jak ja, a jednak przezwyciężyli tę słabość dla Twojej chwały. Uczyń mnie jednym z nich!

Część trzecia

„Mądrości, abym odróżniał jedno od drugiego"

Kiedy powiedziałem znajomym, że chcę napisać książkę o modlitwie o pogodę ducha i przypomniałem im jej trzy części, prawie wszyscy uznali za najtrudniejszą część trzecią. Czasami jesteśmy zdolni ze spokojem przyjąć trudne sytuacje i przejść nad nimi do porządku dziennego, jak stwierdzili moi znajomi, a innym razem zachowujemy się odważnie i zmieniamy to, co wymaga zmiany. Mamy jakieś pojęcie o akceptacji i odwadze, nawet jeśli nie zawsze zachowujemy się odważnie czy nie mamy w sobie pogody ducha. Ale czy wiemy, jak być mądrym? Niewielu odpowie twierdząco.

Jak zatem uczymy się mądrości? Dobra wiadomość jest taka, że do tych z nas, którzy już zaczęli wcielać w życie pierwsze dwie części modlitwy o pogodę ducha, mądrość pozwalająca odróżnić jedno od drugiego zwykle przychodzi sama, bez względu na to, jaki jej poziom reprezentowaliśmy przed rozpoczęciem podróży. Tak, musimy się uczyć, stać się wnikliwymi, rozwinąć jasność umysłu, dyscyplinę psychiczną i wolność od osobistych uprzedzeń, ale kiedy nauczymy się godzić z tym, co wydaje nam się nie do zmiany, a zaczniemy zmieniać to, co prawdopodobnie da się zmienić, niepewność zniknie. Innymi słowy, kiedy przywykniemy do poszukiwania Boga i życia w zgodzie z własnym sumieniem, wkrótce okaże się, że jesteśmy mądrzejsi, niż nam się wydawało!

Wiele lat temu znalazłem się w nieprzyjemnej sytuacji – musiałem poradzić sobie z trudnym współpracownikiem. Kiedy napięcie sięgnęło zenitu, byłem gotowy poprosić przełożonych o zmianę miejsca pracy. To tylko przysporzyło mi stresów, ponieważ w gruncie rzeczy podobało mi się to miejsce… gdyby tylko nie ten współpracownik! Cierpiałem na bezsenność, głowę zaprzątały mi myśli o tym, jak poradzę sobie następnego dnia. Byłem przekonany, że współpracownik się nie zmieni ani nie odejdzie, a ja nigdy nie będę w stanie pracować w spokoju w jego obecności. Mój kierownik duchowy (i mentor) znał sytuację i zwykle po prostu słuchał moich narzekań. Brak komentarzy wskazywał, że nie traktował tego poważnie. Kiedy rozmawiałem z nim któregoś wieczoru przez ponad godzinę i ani razu nie wspomniałem o współpracowniku, pod koniec sesji spytał mnie, jak wygląda sytuacja.

– Właściwie bez zmian – odpowiedziałem. – Ale nic na to nie poradzę.

– Jesteś pewien? – spytał.

– On wydaje się coraz gorszy. – Podałem mu kilka przykładów.

– A czy pomyślałeś kiedyś, by spędzić z nim trochę czasu poza pracą? – Jak tylko usłyszałem te przerażające słowa, wiedziałem, że to dobre rozwiązanie. Mój kierownik duchowy chyba dostrzegł strach na mojej twarzy w momencie, kiedy nagle zdałem sobie sprawę, że ma całkowitą rację.

– Właśnie tak powinienem zrobić – stwierdziłem. – I wiedziałem o tym od początku.

Naprawdę wiedziałem o tym od początku. Wiedziałem, że muszę spędzić ze współpracownikiem trochę czasu poza pracą, ale nie chciałem tego do siebie dopuścić. Miałem świadomość tego, że ów człowiek zachowywał się tak, a nie inaczej, ponieważ nie czuł się pewnie, szukał przyjaźni i towarzystwa. Po prostu nie miałem odwagi tego przyznać. Nie mogłem znieść myśli o wykonaniu tego prostego kroku, choć wiedziałem, że to dobre rozwiązanie. Byłem zbyt wyrachowany, by kierować się swoją mądrością. Dopóki nie usłyszałem tego samego z zaufanego źródła, nie byłem w stanie przekonać się do zrobienia tego, co słuszne.

Mądrość, by odróżnić to, co możemy zmienić, od tego, czego nie możemy, łączy się z rozeznawaniem Bożej woli dotyczącej naszej reakcji na dane wyzwanie. Rozeznanie w tym sensie to proces odkrywania Bożego planu zarówno wobec wielkich spraw (np. kogo poślubimy), jak i codziennych wyborów (np. czy wyjść z pracy wcześniej, by obejrzeć mecz, w którym gra nasz syn, czy może zostać, by zadowolić szefa). Mądrość, o którą prosimy w modlitwie o pogodę ducha, to duchowa sztuka odróżniania jednego od drugiego.

Dążenie z całych sił do zmiany tego, czego zmienić nie sposób, to daremne przedsięwzięcie, które prowadzi jedynie do apatii, frustracji i rozpaczy. Taki wysiłek to strata czasu i energii, a także powód do złości. Dzięki umiejętności odróżniania jednego od drugiego możemy jednak powiedzieć: „To niemądre!". Starania, by poruszyć coś, czego poruszyć się nie da, odczynić coś, co się nie odstanie, wysysają z nas siły i zniechęcają nawet do bardziej owocnych działań. Po takim rozczarowaniu mamy ochotę tylko rzucić ręcznik i zwinąć się na kanapie. Ale jeśli posiądziemy sztukę duchowego rozeznawania – tę mądrość stosowaną – mądrze wykorzystamy naszą energię. Pozostawimy to, czemu nie da się zaradzić, i skupimy się na obszarach, w których możemy czynić realne postępy!

Mądrość chroni nas także przed przeciwstawnym błędem – bierną akceptacją status quo, kiedy można i powinno się dokonać zmian. Pomaga nam oprzeć się pokusie myślenia, że cały nasz wysiłek pójdzie na marne, kiedy potrzeba właśnie wysiłku. Mądrość demaskuje nasze uprzedzenia i negatywne nastawienie.

Może to lenistwo powstrzymuje nas przed zaangażowaniem się w naszą misję. Może to strach przed porażką wpędza nas w apatię i nie pozwala działać. Mądrość „widzi" to, co jest – „dostrzega" różnicę.

A zatem i o nią się modlimy. Prosimy, by nasz dobry Bóg użyczył nam daru mądrości – jednego z drogocennych darów Ducha Świętego. Pracujemy nad nią, ale wiemy też, że bez Niego zmierzamy donikąd, modlimy się więc w ufności i pokorze.

Rozdział 30

Szukajcie mądrości, a nie wiedzy

Nadal codziennie odmawiasz modlitwę o pogodę ducha? Nie przestawaj! Pracujesz w ten sposób nad kształtowaniem ducha pełnego pokoju, zdolnego odruchowo odpuszczać to, czego nie można zmienić, a jednocześnie odważnie i pewnie stawiać czoła temu, co się da. Nawyk odmawiania tej modlitwy jest szczególnie ważny podczas lektury trzeciej części, ponieważ wzrastanie w mądrości wydaje się mniej namacalne niż wyzbywanie się przymusu kontroli czy odważne robienie tego, co trzeba.

Mądrość to subtelny, prawie niedostrzegalny dar od Boga, którego użycza nam On, kiedy Go o to poprosimy. „Panie, użycz mi mądrości, bym wiedział, kiedy i jak zadziałać, a kiedy odpuścić!" To modlitwa przydatna na co dzień.

Każdy z nas pewnie kiedyś wyobrażał sobie, co zrobiłby, gdyby wygrał na loterii. Pamiętam, że jako dziecko pytałem znajomych, o co poprosiliby, gdyby spotkali dżina spełniającego trzy życzenia. Kiedy za długo się namyślali, podpowiadałem im złośliwie, że powinni poprosić o tysiąc życzeń. Choć brzmi to dziecinnie, dylemat wyboru marzeń do spełnienia jest całkiem ciekawym zagadnieniem. Pokazuje on nawet więcej niż nasze wyobrażenia o wygranej na loterii. W ten sposób jesteśmy w stanie zidentyfikować nasze największe pragnienia. Pieniądze? Zdrowie? Lepsza praca? Szczęśliwsze małżeństwo?

W Starym Testamencie znajdziemy podobny scenariusz. Oczywiście, żaden dżin nie wyskakuje z lampy, ale pewnego dnia Bóg daje Salomonowi życiową szansę. Właśnie objął on tron króla Izraela po swoim ojcu Dawidzie. Jest młody i czuje się nieco przytłoczony, ale Bóg proponuje mu, aby wypowiedział życzenie. Może poprosić o cokolwiek. Bóg objawia się Salomonowi we śnie i zachęca go, by wyraził swoje potrzeby. Salomon nie traci czasu na odpowiedź, a Bóg jest zachwycony jego prośbą. Młody król nie prosi bowiem o bogactwa, długie życie ani zwycięstwo nad wrogami. Prosi o mądrość. „Daj Twojemu słudze serce pojętne, aby mógł sądzić Twój lud, rozpoznać między tym, co jest dobre, a tym, co złe [...]", mówi (1 Krl 3,9). Bóg z radością spełnia tę prośbę, a Salomon staje się znany ze swej mądrości. „Mędrszy był niż wszyscy ludzie, niż Etan Ezrachita, niż Heman, Kalkol i Darda, synowie Machola. Imię jego znały wszystkie ludy dookoła" (1 Krl 5,11). Choć nie wiemy, kim byli Etan czy Darda, z pewnością uznawano ich wtedy za szczególnie mądrych. A Salomon i tak ich przewyższał pod tym względem.

Współcześnie życzenie Salomona może wydawać się osobliwe. Król mógł poprosić o wszystko, a wątpię, by mądrość znalazła się na liście nawet dziesięciu priorytetów u większości z nas – może dlatego, że nie słyszymy dziś za wiele o jej wartości. Bardzo cenimy za to wiedzę i dane. Jesteśmy zachwyceni tym, że dzięki smartfonom możemy uzyskać właściwie każdą informację w każdej chwili. Dysponujemy – dosłownie na wyciągnięcie ręki – większą ilością danych, niż poprzednie pokolenia były w stanie sobie wyobrazić. Ten przesyt informacji czyni nas przemądrzałymi i zadowolonymi z siebie. Wiemy o wiele więcej niż nasi przodkowie, którzy myśleli, że nasza planeta jest płaska, nie mieli pojęcia, czym są geny czy chromosomy, nie potrafili dzielić atomów czy leczyć zapalenia płuc. Mimo to, choć wiedza ta może okazać się przydatna, zastanawiamy się, jak przekłada się ona na mądrość.

Mądrość i wiedza to nie to samo. Mądrość nie polega wcale na wiedzy o wielu sprawach, a raczej na rozpoznaniu (dostrzeganiu) tego, co ważne. Można być dobrze poinformowanym, ale głupim. Niczym podczas kalifornijskiej gorączki złota, mądrość to przesiewanie „piasku" informacji i odnalezienie skarbu. W ostatniej części modlitwy o pogodę ducha prosimy Boga o „mądrość, abym odróżniał jedno od drugiego". Prosimy o zdolność odróżniania, oddzielania spraw. Nie prosimy o wiedzę na temat wielu rzeczy, ale o rozpoznanie tego, co naprawdę się liczy.

Czy zauważyłeś, że mądrzy ludzie są pokorni? Mają świadomość, jak wielu rzeczy nie wiedzą. Wiedzą też, jak niewiele potrzebują. Mamy dużo pragnień, ale względnie niewiele rzeczywistych potrzeb. Tak naprawdę im więcej w nas niespełnionych pragnień dotyczących niepotrzebnych rzeczy, tym bardziej jesteśmy nieszczęśliwi. Im więcej w nas zadowolenia z tego, co mamy, tym większy pokój gości w naszych duszach. To także jest mądrość.

Tomasz z Akwinu w sławnej *Summie Teologicznej* poświęca wiele uwagi cnotom. Kiedy czytałem jego słowa lata temu, natrafiłem na coś fascynującego. W dwóch kolejnych paragrafach tego dzieła autor omawia dwie cechy: *studiositas* ('pilność') i *curiositas* ('ciekawość'). Dziwne wydało mi się jego stwierdzenie, że *studiositas* to cnota, a *curiositas* to przywara. Z początku uznałem to za nielogiczne, ponieważ cechy te wiele łączy. Obie wiążą się z pragnieniem wiedzy i wolą nauki.

Czy to nie ciekawość skłania nas do tego, abyśmy się uczyli? Święty Tomasz pisze, że podczas gdy *studiositas* zachęca nas do poszukiwania odpowiedzi na ważkie pytania i dążenia do mądrości, *curiositas* rozwija pewien rodzaj intelektualnego dyletanctwa i chęć zdobycia wiedzy o wielu sprawach zamiast o tych istotnych. Ciekawska osoba przebiega wzrokiem po nagłówkach; osoba pilna chce wiedzieć więcej. Współcześnie potrzebujemy nie tyle ludzi dobrze poinformowanych, ile mądrych. Mądrość oznacza zdolność do odróżniania spraw ważnych od nieistotnych.

Zadaj sobie pytanie: czy zwykle poświęcam więcej czasu na przeglądanie portali plotkarskich, czy też na lekturę Biblii? Wiem więcej o programie *Mam talent* czy o historii świata? Możemy całkiem nieźle orientować się we wszelkiego rodzaju niepotrzebnych błahostkach, a nie wiedzieć prawie nic o tym, co naprawdę ma znaczenie. Mądrość wydaje się tak naprawdę polegać nie tyle na uzyskiwaniu właściwych odpowiedzi, ile na zadawaniu właściwych pytań. Zaduma nad ważkimi aspektami życia, poświęcanie czasu sprawom, które mają znaczenie, i dociekanie, dlaczego się one liczą, są warte więcej niż gromadzenie olbrzymich pokładów bezużytecznych półprawd.

Nasza pobożna prośba o „mądrość, by odróżnić jedno od drugiego" wskazuje na to, że zrozumieliśmy już, jak ważna jest mądrość, a to wydaje się dobre na początek. W pewnym sensie prośba o mądrość już oznacza jakąś mądrość. To zachęcająca myśl.

Rozdział 31

Pielęgnowanie naszego życia wewnętrznego

Więźniarka Judy Clark dorastała w zeświecczonej rodzinie żydowskiej. W ostatnich latach poświęciła się studiom religijnym i duszpasterstwu chorych, a od niedawna pełni posługę kapelana więziennego. Nauka nadała ramy jej roli jako mentorki i powiernicy kobiet podobnych do niej, które odbywają długie wyroki i starają się pogodzić z przeszłością, by prowadzić pełne współczucia, satysfakcjonujące, produktywne życie.

Wskutek niełatwych przeżyć Judy poczyniła pewne odkrycie. Doszła mianowicie do wniosku, że do refleksji nad sobą jest potrzebna cisza zarówno wewnętrzna, jak i zewnętrzna. Aktywizm może stanowić ucieczkę od rzeczywistości. Chroni nas od stawienia czoła własnym demonom, wzięcia się za bary z naszymi wyborami. Gdy Judy trafiła do więzienia, a tym bardziej kiedy skończyła w izolatce, została zmuszona do konfrontacji z samą sobą. Nie było muzyki, która mogłaby zagłuszyć jej myśli, telewizji ani internetu mogących odwrócić jej uwagę od położenia. Judy była zupełnie sama, nie miała żadnej rozrywki, nic jej nie rozpraszało. Skorzystała z okazji, by zajrzeć w głąb siebie i rozwinąć w sobie duchowość.

Judy nie określała tego wtedy w ten sposób. „Nie mówiłam, że odbywam duchową podróż", twierdzi obecnie.

„Postanowiłam zacząć stawać się sobą i wziąć odpowiedzialność za swoje wybory. Teraz rozpoznaję duchowe aspekty moich pytań i metod. Kiedy wyszłam z izolatki, zdecydowałam się uczęszczać na nabożeństwa żydowskie. Nie dlatego, że chciałam być pobożna, ale ponieważ zaczęłam zadawać sobie pytanie: »Kim jestem?«. Jedną z nieodłącznych części mnie wydawało mi się moje żydowskie pochodzenie".

Judy była zmuszona skupić się na swoim wnętrzu i stawić czoła swej tożsamości. Dlatego rozwinęła się w niej duchowość. Judy stała się bardziej uważna i skupiona. Taka wewnętrzna cisza to początek czegoś, co mistrzowie duchowości nazywali „życiem wewnętrznym", życiem pełnym łaski, w którym cieszymy się przyjaźnią z Bogiem. To pośród duchowej ciszy i przyjaźni z Bogiem kwitnie mądrość, ponieważ im bliżej nam do Boga, tym łatwiej rozpoznajemy Jego plan dotyczący naszego życia.

Sokrates, wybitny filozof, miał powiedzieć, że „nie warto żyć życiem przez nas niepoznanym". W tym prostym stwierdzeniu jest wiele prawdy. Bieganie za codziennymi sprawami niczym chomik wściekle pędzący w kołowrotku i zmierzanie donikąd to nieludzka egzystencja. Zostaliśmy wezwani do wyższych celów. Do zadumy, kontemplacji, poznawania, odkrywania i rozważania. W obecnych czasach wydaje nam się jednak, że ciągle mamy do zrobienia coś ważniejszego niż zastanowienie się nad własnym życiem – dokąd zmierzamy, jak żyjemy, kim usiłujemy być. Biegniemy z pracy do spożywczaka, potem na siłownię, na imprezę – tylko po to, by wrócić do domu, sprawdzić skrzynkę e-mailową i zasnąć przy buczącym telewizorze. Gdyby takie dni zdarzały się od czasu do czasu, nie byłoby problemu. Bylibyśmy w stanie to znieść. Ale dla wielu z nas ten szaleńczy pęd staje się normą.

Nie możemy odnaleźć siebie poza nami samymi. Nie możemy odnaleźć pełni mądrości poza Bogiem. Tego, kim jesteśmy, nie definiują jedynie nasze działania, a tym bardziej to, co uznajemy za swoje osiągnięcia. Tożsamość i wewnętrzna spójność pochodzą z wnętrza, nie z zewnątrz.

W roku 1952 wydano prowokacyjną książkę niemieckiego uczonego Josefa Piepera zatytułowaną *Leisure: The Basis of Culture*. Dowodzi on w niej z przekonaniem, że prawdziwa kultura stanowi owoc „okresu wyciszenia", podczas którego zaprzestajemy szaleńczej gonitwy za obowiązkami i poświęcamy się dążeniom niekoniecznie uznawanym za „produktywne". Praca, jak twierdzi Pieper, jest podporządkowana czasowi wolnemu, a nie na odwrót. Współcześnie większość z nas postrzega czas wolny jako zwykłą bierność lub stratę czasu. Pieper, wręcz przeciwnie, utrzymuje, że czas wolny w ostatecznym rozrachunku jest przeznaczony do wyższych celów. Zdrowy rozsądek podpowiada nam przecież, że dopiero wtedy, gdy mamy chwilę oddechu i wycofujemy się z wyścigu szczurów, naprawdę zaczynamy zastanawiać się nad tym, o co nam chodzi i dlaczego robimy to, co robimy.

Nie oznacza to, że każdy sposób spędzania wolnego czasu sprzyja zgłębianiu naszego wnętrza. Pieper wzdrygnąłby się na przykład na myśl, że czas wolny mógłby oznaczać granie w gry komputerowe czy oglądanie telewizji. Lenistwo i bierność prowadzą do nudy i powstrzymują przed właściwym wykorzystaniem wolnego czasu. Podczas gdy czas wolny to, z definicji, przerwa w pracy, nie każdy sposób jego spędzania kształtuje ducha i czyni nas lepszymi ludźmi.

Jeśli wykorzystujesz czas wolny na lekturę tej książki, pewnie już to wiesz lub przynajmniej czujesz i próbujesz coś z tym zrobić. Czytanie zmusza nas do myślenia, mierzenia się z ideami i pojęciami, a także przyglądania naszemu życiu i wyborom. Rzuca wyzwanie naszym umysłom i duszom. Bycie uduchowionym oznacza przede wszystkim rozpoznawanie i dążenie do wewnętrznego wymiaru ludzkiej egzystencji, zatrzymanie się, by pomyśleć nad teraźniejszością, przeszłością i przyszłością, zadawanie ważnych pytań o życie i jego cel. Bycie uduchowionym oznacza bycie poszukującym „mądrości, by odróżnić jedno od drugiego".

Rozdział 32

Uduchowiony, ale niekoniecznie religijny?

Na pewno słyszałeś, jak niektórzy mówią, że są „uduchowieni, ale niekoniecznie religijni". Ludzie rozumieją przez to, że szukają złotego środka między skrajnym materializmem a fanatyzmem. Ale jeśli taka postawa nie łączy się z żadnym szczególnym wysiłkiem, „bycie uduchowionym" może stanowić wymówkę. Przecież to, że jesteśmy istotami duchowymi – mamy dusze – stanowi istny dar od Boga. Wszyscy mamy dusze. Nie jest to cnota ani cecha, którą wyrobiliśmy w sobie sami. Z drugiej strony, religia to ludzki wyraz tej duchowości. Czy przybiera on postać uczestnictwa we mszy świętej, czy klękania przy łóżku przed pójściem spać, akt religijny to duchowość w działaniu – niezbędny wyraz naszej relacji z Bogiem.

Nie sposób być prawdziwie mądrym, jeśli nie zajmiemy się swoją duchowością, nie stawimy czoła ważnym życiowym pytaniom, w tym pytaniu o Boga. Skąd pochodzę? Dokąd zmierzam? Czy istnieje życie po śmierci? Czy istnieje wieczna sprawiedliwość? Czy Bóg objawił się światu? Nie wszyscy mądrzy ludzie udzielą tych samych odpowiedzi na te pytania, ale zadadzą je, jeśli zdecydują, że mają na to odwagę.

Judy Clark to mądra osoba. Jej droga do duchowości i religii rozpoczęła się, kiedy Judy na powrót dotarła do swoich żydowskich korzeni. Wiara zapewnia jej teraz pogląd na świat, dzięki któremu rozumie ona życie swoje i innych. Wiara dała jej rytuały, modlitwy, tradycje i łączność z Bogiem. To wzrastanie w naturalnej mądrości (darze od Boga, który Judy pielęgnowała) przyprowadziło ją do Pana. To jej relacja z Bogiem udoskonala teraz jej zdolność rozeznawania tego, o co prosi ją Bóg w danej sytuacji życiowej.

W wywiadzie zatytułowanym *Przekroczyć próg nadziei* Jan Paweł II stwierdza, że pytanie o istnienie Boga dotyka samego sedna ludzkich poszukiwań sensu i mądrości.

> [...] odpowiedź na pytanie: „An Deus sit?" jest nie tylko sprawą intelektu, jest równocześnie sprawą całej ludzkiej egzystencji. Zależy od wielorakich sytuacji, w których człowiek szuka znaczenia i sensu tejże egzystencji. Pytanie o istnienie Boga jest najgłębiej związane z celowością ludzkiego bytowania.

Jako istoty ludzkie instynktownie poszukujemy dobra i prawdy – o ile jesteśmy w dobrej formie. Dążymy do transcendencji i znaczenia. Szukamy mądrości. Czujemy, że musimy wyjść poza siebie, sięgać wyżej. Święty Augustyn wyraża tę prawdę już na pierwszej stronie *Wyznań*: „Stworzyłeś nas bowiem jako skierowanych ku Tobie. I niespokojne jest serce nasze, dopóki w Tobie nie spocznie". Co jakiś czas wszyscy doświadczamy tego niepokoju. Tęsknimy za czymś znajdującym się poza monotonią codziennego wyścigu szczurów. Chcemy wiedzieć, czy wszystko w ostatecznym rozrachunku ma sens, czy też jest tylko efektem bezmyślnego przypadku i zbiegu okoliczności. My, ludzie, wydajemy się być stworzeni do zadawania ważnych pytań, w tym takich o kwestie religijne.

Im bliżej Boga jesteśmy, tym mądrzejsi się stajemy. Nie chodzi o to, że każdy głęboko wierzący jest mądry we wszystkim, ani też o to, że niewierzący nie może być mądry, ale wiara w Boga radykalnie zmienia – a właściwie prostuje – nasz światopogląd. Czyni ona świat wokół nas głęboko zrozumiałym. Nie przypadek czy zbieg okoliczności, lecz raczej porządek i zamysł okazują się zasadami rządzącymi światem. Wiara w Boga może prowadzić do odnalezienia Bożego celu – odmieniającego życie przekonania, że Pan „zamierza" coś dla nas i że obchodzi Go nasz dobrostan. Czy dostrzegasz, jak jest niezbędny ten rodzaj żywej wiary – zdolność do rozpoznawania mądrego wyboru, czyli tego, czego oczekuje od nas Bóg – by osiągnąć pełnię mądrości?

W tradycji judeochrześcijańskiej odkrycie, że Bóg jest źródłem i celem stworzenia, wiąże się z miłością. Bóg nie tylko nas „stworzył" i „zna" – On nas kocha. To ogólne stwierdzenie przekłada się na prawdę o życiu każdego z nas. Jezus powiedział, że nawet wróbel nie spadnie na ziemię bez woli Ojca. Zapewnił uczniów, że Jego troska o człowieka jest tym większa. Wypowiedział te słowa, by umocnić naszą ufność w Bogu i w wierze w Opatrzność.

Wiara umożliwia lepsze zrozumienie wszechświata czy naszego życia. Nie jest to tylko intelektualny pościg, który kończy się wraz z nabraniem przekonania o istnieniu Boga. Możemy rozmawiać o Bogu teoretycznie, ale nigdy nie pojmiemy, kim On naprawdę jest lub czego od nas chce (rozeznanie) dopóty, dopóki nie zaprosimy Go do naszego życia. „Pytanie o Boga" powinno zawsze dotyczyć egzystencji, czyli dotykać każdej cząstki naszego jestestwa. Jeśli zaprosimy Boga do naszego życia, On przyjdzie jako mile widziany gość, a przyjaźń będzie się rozwijać. Nie inaczej jest z przyjaźniami między ludźmi, które umacniają się, kiedy spędzamy ze sobą czas, dzielimy dobre i złe chwile. W tych relacjach przejmujemy trochę od naszych przyjaciół. Stajemy się podobni do nich. Osobisty kontakt i przyjaźń z Bogiem dostarczają nam mądrości, ponieważ obcujemy z Mądrością.

Wiem, że perspektywa zakochania się w Bogu i słuchania Jego głosu może wydawać się nieco przerażająca. Co On nam powie? O co poprosi? W tym miejscu wiary doświadcza się zarówno jako problemu, jak i rozwiązania. Choć trochę boimy się słuchać Bożego głosu, to jeśli naprawdę spotkaliśmy się z Bożą miłością, będziemy pewni, że Bóg nie poprosi o coś, co nie jest dla nas najlepsze.

A zatem znów trzeba nam odwagi. Potrzebujemy jej, by włączyć naszą duszę w poszukiwania Boga, by przemienić daną przez Pana duchowość w wyraz miłości. Potrzebujemy odwagi nie tylko po to, by zmieniać to, co możemy, lecz także po to, aby zdobyć się na konfrontację z ważkimi pytaniami, szukać mądrości w samym Bogu, Jego celu i planie dla całego stworzenia.

Bóg odpowiada na nasze trzy prośby – o pogodę ducha, odwagę i mądrość – tym samym: stopniową przemianą naszej duszy, byśmy myśleli, czuli, sądzili i działali bardziej jak On.

...

Panie, wierzę, że jesteś samą mądrością. Jesteś prawdą, dobrem i pięknem. Jesteś dawcą życia i sensu. Dziś, Panie, będę szukał Twego oblicza. Zaproszę Cię do swojej duszy jako mile widzianego gościa. Zostań ze mną. Ucz mnie. Pocieszaj. Prowadź moje serce w życiu i misji, którymi mnie pobłogosławiłeś.

Rozdział 33

Szepty Boga

Przez wieki wielu świętych, którzy orędowali za poświęcaniem czasu na modlitwę, zachęcało także do pielęgnowania „Bożej obecności". Oznacza to naukę świadomości Bożej obecności w każdej chwili, nie tylko podczas modlitwy. Świadomość Jego działania otwiera nasze serca i umysły na mądrość patrzenia na świat Jego oczami. W cudownej homilii datowanej na XVI wiek zostaje udzielona uczniom Jezusa prosta rada:

> Myśl bowiem nasza winna być zwrócona ku Bogu nie tylko w czasie modlitewnego skupienia, ale również wtedy, gdy oddajemy się zajęciom zewnętrznym, jak troska ubogich, pielęgnowanie chorych itp., lub gdy wykonujemy jakieś inne pożyteczne dzieła dobroczynne. Wówczas także nasze myśli i pragnienia powinny tkwić w Bogu, aby to, co czynimy, było zaprawione solą Bożej miłości, dzięki której stałoby się przyjemnym pokarmem dla Pana wszechrzeczy.

I znów wracamy do pytania o rolę ciszy. Tylko jeśli zatrzymamy się pośród zajęć, będziemy w stanie usłyszeć głos Boga. W tym sęk: Bóg nie krzyczy, by Go usłyszano; On mówi szeptem. W znanym fragmencie biblijnym prorok Eliasz wchodzi na górę Horeb, by spotkać się z Bogiem. Pod jaką postacią ukazuje się Bóg?

[...] Wielki, silny wicher, rozrywający góry i łamiący skały, (szedł) przed Jahwe, ale Jahwe nie był w wichrze. Po wichrze (przyszło) trzęsienie ziemi, ale Jahwe nie był w trzęsieniu ziemi. Po trzęsieniu ziemi (pojawił się) ogień, ale Jahwe nie był w ogniu. Po tym ogniu (dał się słyszeć) szmer delikatnego powiewu. Gdy go posłyszał Eliasz, zasłonił płaszczem swoją twarz, wyszedł i stanął u wejścia groty (1 Krl 19,11–13).

Bóg nie objawia się w przenikliwym wietrze, trzęsieniu ziemi czy ogniu, ale w ciszy. Nasz Pan nie jest Bogiem fanfar i gongów, lecz szeptów. Znamy to z autopsji, ponieważ właśnie tak przemawia On w naszym sumieniu. Łagodnie podpowiada i nigdy niczego nie narzuca. Dlaczego tak? Dlaczego nie demonstruje swojej obecności bardziej zdecydowanie? Czyż wtedy nie uwierzyłoby w Niego więcej ludzi? Może więcej poddawałoby się Jego woli, gdyby mówił z mocą?

Niedaleko mojego gabinetu na Manhattanie, można spotkać młodego bezdomnego. Andrew ma niewielki stragan zrobiony ze skrzynek po mleku. Sprzedaje wydruki przedstawiające znane miejsca w Nowym Jorku. Większość ludzi stara się go unikać, ponieważ zmaga się on z pewnymi problemami psychicznymi. Zawsze mówi do siebie na głos. To, co mówi, może wydawać się niepokojące. W kółko powtarza, że „dzisiejsi ludzie są jak zombi; obchodzą ich tylko cyferki i terroryści". A przynajmniej taki jest sens jego wypowiedzi. Udaje mu się coś sprzedać tylko wtedy, gdy ktoś zauważa wydruki z daleka i nie słyszy, jak Andrew mówi do siebie. Kiedy tylko ktoś się zbliża, u Andrew włącza się dawny tryb społeczny; jest w stanie dobić targu.

Ten młody sprzedawca okazał się dla mnie wielkim błogosławieństwem. Andrew może i jest chory i bezdomny, ale pewnego pamiętnego dnia w lipcu stał się dla mnie wyraźnym i niezaprzeczalnym głosem Boga.

Wydaje mi się, że po raz pierwszy spotkałem go pół roku wcześniej. Zwykle machałem mu na powitanie i przechodziłem dalej. Raz po raz proponowałem, że przyniosę mu coś na lunch. Wstyd mi przyznać, ale nigdy nie zadałem sobie trudu, by spytać go o imię. Nie spytałem, ponieważ nie sądziłem, że to coś zmieni. Byłem całkowicie pewien, że obchodziło go tylko opowiadanie mi o cyferkach, terrorystach i zombi.

Ale tamtego upalnego lipcowego dnia spieszyłem się i chciałem ominąć stoisko. Kiedy zacząłem przechodzić przez ulicę, usłyszałem za sobą głośne wołanie: „Jonathan!". Odwróciłem się szybko. Spodziewałem się jednego z moich współpracowników, ale zamiast niego ujrzałem starego dobrego Andrew, który patrzył na mnie z szerokim uśmiechem. Byłem zdumiony tym, że znał moje imię i mnie nim zawołał. Pospieszyłem ku niemu. Myślałem, że uśmiecha się, ponieważ domyśla się, jak bardzo zaskoczyło mnie jego doinformowanie. Obawiałem się też, że zauważył moją próbę ominięcia go.

– Skąd wiesz, jak mam na imię? – spytałem.

– Wiedziałem to od zawsze – odparł.

Do dziś nie wiem, czy powiedziałem mu je przy pierwszym spotkaniu kilka miesięcy wcześniej, czy też może spytał o nie kogoś innego. Tak czy inaczej, tamtego dnia Bóg przemówił do mnie, posługując się głosem i obliczem Andrew. Ów człowiek, który tak cierpiał z powodu choroby psychicznej, zainteresował się mną na tyle, by poznać moje imię. Zawołał mnie, kiedy go unikałem. Nie zdawałem sobie z tego sprawy wcześniej, ale jego naprawdę obchodziły nasze rozmowy, choć dla mnie zawsze były one takie same, mniej lub bardziej bezsensowne.

Boże szepty docierają do nas na tak wiele sposobów! Po tym, jak Andrew tak mnie poruszył, zawsze traktuję jego i podobnych ludzi z wielkim szacunkiem oraz nabożną czcią. Przecież Bóg może przemawiać do mnie ich głosami, mówić mi, jak mam się zmienić, jak bardzo powinienem kochać kolejne osoby. Kiedy słyszymy Boży głos – nawet cichy, niespodziewany – wzrastamy w mądrości.

Zaryzykowałbym stwierdzenie, że Bóg decyduje się objawiać przez szept z przynajmniej czterech powodów. Po pierwsze, z racji całkowitego poszanowania wolnej woli człowieka. Nasze wybory muszą być naprawdę nasze. Jesteśmy, jak się wydaje, jedynymi stworzeniami, które Bóg obdarzył wolnością. Ptaki nie podejmą któregoś roku spontanicznej decyzji, że nie będą już migrować na Florydę, a zamiast tego polecą do Meksyku albo zostaną na północy stanu Nowy Jork, bo gwiżdżą na zimę. Zachowują się tak, jak każe im instynkt. W tym sensie zwierzęta nigdy nie będą postępować wbrew naturze ani jej przewyższać. Podążają za nią co do joty. Ludzie są inni. Tylko oni potrafią zachowywać się albo jak dzikie bestie, albo jak aniołki. Możemy wznieść się ponad zwykłą naturę lub jej zaprzeczyć. Jesteśmy zdolni nie tylko do aktów heroicznej wspaniałomyślności, lecz także do karygodnej małostkowości. I wydaje się, że właśnie takimi chce nas mieć Bóg – możemy Go przyjąć lub odrzucić, usłuchać albo być nieposłusznym, dawać siebie z miłością bądź egoistycznie zamknąć się w sobie.

Bóg pragnie zaryzykować perspektywę milionów lat ludzkiego nieposłuszeństwa i buntu wobec Niego i siebie nawzajem, ponieważ w Jego ocenie chwile, gdy wykorzystujemy tę samą wolność dla czynienia dobra – wyrażania ludzkiej miłości – są tak dobre, tak prawdziwe i tak piękne! Czy pomyślałeś kiedyś o tym w ten sposób?

Innym aspektem Bożej decyzji dotyczącej uszanowania naszej wolności i przemawiania do nas szeptem jest to, że kiedy już Bóg wypowie swoją prośbę na głos, nie sposób Go nie usłyszeć i nie wysłuchać. Kiedy woła: „Niech stanie się światłość!", staje się światłość. Nie ma pytań. Jego słowo to nakaz, to, co powie, po prostu się staje. Kiedy Jezus mówi do wzburzonego Jeziora Galilejskiego: „Ucisz się!", ono natychmiast okazuje posłuszeństwo. Z nami, śmiertelnikami, jest inaczej. On nie zmusza nas do niczego przez swoją władzę. Szepcze, proponuje, inspiruje. Łagodnie podpowiada, ale nigdy nie szarpie nas za ramię ani nie zobowiązuje do poddaństwa. Pragnie, byśmy przychodzili do Niego w wolności i okazywali Mu posłuszeństwo z wyboru, nie na siłę. Jego szacunek do nas jest zbyt wielki. To cudowne, ale także trochę przerażające, ponieważ czyni nas odpowiedzialnymi za nasze wybory i ich skutki.

Drugim powodem tego, że Bóg przemawia szeptem, jest Jego święta zazdrość. W Księdze Wyjścia znajdujemy następujące polecenie wypowiedziane przez Mojżesza: „Nie wolno ci bowiem upadać na twarz przed obcym bogiem, gdyż Jahwe zwie się zazdrosnym. On jest Bogiem zazdrosnym" (Wj 34,14). Stereotypowo postrzegamy zazdrość jako wadę. Przykładowo, zazdrosna żona może być przewrażliwiona na punkcie kontaktów męża z innymi kobietami i podejrzewać go, nawet jeśli jest on niewinny. Ale zazdrość Boga rodzi się z Jego przemożnej miłości do nas. On pragnie nas dla siebie, ponieważ stworzył nas dla siebie. Nie chce, byśmy oddawali cześć bożkom. Podzielone serce to nieszczęśliwe serce. Bóg nie zniży się do poziomu rywalizacji na krzyki z tymi wszystkimi głosami, które zabiegają o naszą uwagę. Jeśli kochamy pieniądze, sławę, rozgłos i przyjemność, nie będzie stawał z nimi w szranki. Nie będzie walczył z rywalami. Jeśli bardziej dbamy o opinie innych ludzi niż o to, co myśli o nas Bóg, On cierpliwie zaczeka, ale nie będzie się narzucał ani starał się nas przekonywać. Zaczeka niczym cierpliwy oblubieniec, gotów przyjąć nas do siebie, kiedy zdamy sobie sprawę z tego, że to On sam zadowala nasze serce.

Po trzecie, Bóg szepcze po to, by nie słyszeli go inni. Szanuje naszą prywatność i wewnętrzny charakter sumienia; nigdy nie udzieli dostępu do tego sanktuarium innym – chyba że sami postanowimy podzielić się nim z drugim człowiekiem. Nasze sumienie służy do osądzania naszych czynów i zamiarów, a nie czynów i zamiarów innych ludzi. Nikt inny nie jest wtajemniczony w sekretne podpowiedzi Boga w naszym sercu. On nigdy ich nie upublicznia. Słyszymy je i decydujemy się za nimi pójść lub nie, bez niczyjej wiedzy. Tylko Bóg wie. On zapewnia nam prywatność, której nikt nie jest w stanie naruszyć.

Czwartym powodem, dla którego Bóg mówi szeptem, może być Jego chęć uchronienia nas przed rozpaczą. Gdyby wszystkie Boże natchnienia, polecenia i poprawki docierały do nas w pełnym wymiarze przez cały czas, zdalibyśmy sobie sprawę z tego, jak bardzo nie przystajemy do Jego całkowicie sprawiedliwych i rozsądnych oczekiwań, i mogłaby nas spotkać pokusa rozpaczy: „Zostaw mnie, Panie, bo jestem człowiekiem grzesznym". Zamiast tego Jego zachęty wypowiedziane po cichu mamy odkrywać w ciszy, podczas modlitwy, raz na jakiś czas, ponieważ jako słabi ludzie nie bylibyśmy w stanie udźwignąć ich wszystkich jednocześnie.

Chrystus powiedział: „Kto ma uszy, niechaj słucha". Wybór należy tylko do nas. On proponuje nam swoją mądrość, ale tylko wtedy, gdy zechcemy zamknąć drzwi i wysłuchać Go w ciszy naszych serc.

Bóg decyduje się mówić do mnie i do ciebie szeptem, ponieważ zawsze jest tak blisko nas, że szept Mu wystarczy.

...

Jezu, wierzę, że jesteś obok i mówisz do mnie przez cały czas. Kiedy moje oczy i uszy są otwarte, widzę Cię i słyszę Twój głos w Twoim stworzeniu, w Piśmie Świętym, w Twoim Kościele i w każdych okolicznościach życia, jakie dopuszczasz. Panie, dziś ponownie zobowiązuję się słuchać Twoich szeptów i czynić wedle Twoich zaleceń.

Rozdział 34

Źródło wszelkiej mądrości

Gdyby ktoś cię spytał, skąd bierze się mądrość, co byś odpowiedział? Może mądrość bierze się z lektury dobrych książek albo kontaktu z ludźmi o potężnej wiedzy. Może rodzi się z długiego życia i wielu zróżnicowanych doświadczeń. Ale Biblia nie mówi, że mądrość pochodzi z dogłębnych rozważań, filozoficznych poszukiwań czy nawet lat doświadczeń. Treścią mądrości, jak czytamy, jest „bojaźń Pańska" (Prz 9,10). Może to wydać się nam nieco dziwne. Czy Bóg naprawdę chce, byśmy się Go bali? W jaki sposób „bojaźń" miałaby przydać nam mądrości?

Niccolò Machiavelli w dziele *Książę* pyta, czy monarcha powinien starać się o to, by poddani się go bali, czy też by go kochali. Udziela odpowiedzi we właściwym sobie stylu: „Odpowiem, że chciałoby się i jednej, i drugiej rzeczy, lecz ponieważ trudno połączyć je, więc gdy jednej ma brakować, o wiele bezpieczniej budzić strach niż miłość". Innymi słowy, dobrze jest budzić zarówno strach, jak i miłość, ale ponieważ trudno spełniać oba te warunki, bardziej jest wskazane budzenie strachu. Machiavelli wyjaśnia swój tok rozumowania: „A mniej boją się ludzie krzywdzić kogoś, kto budzi miłość, niż tego, który budzi strach. Albowiem miłość jest trzymana węzłem zobowiązań, który ludzie, ponieważ są nikczemni, zrywają, skoro tylko nadarzy się sposobność osobistej korzyści, natomiast strach jest oparty na obawie kary; ten więc nie zawiedzie nigdy". Strach wydaje się przewyższać miłość, jeśli chodzi o utrzymywanie porządku wśród poddanych.

Nie potrafię sobie jednak wyobrazić, że właśnie to miał na myśli autor biblijny, gdy pisał o „bojaźni Pańskiej" jako początku mądrości. Bóg z całą pewnością woli budzić miłość niż lęk. W pewnym sensie miłość i strach nie pasują do siebie. Święty Jan napisał: „W miłości nie ma bojaźni, lecz doskonała miłość usuwa bojaźń, ponieważ bojaźń powstaje z powodu kary, a kto się boi, nie kocha doskonale" (1 J 4,18). Dlaczego więc chrześcijanie wciąż mówią o „bojaźni Pańskiej", jak gdyby było w tym coś dobrego?

„Bojaźń Boża" to jeden z siedmiu darów Ducha Świętego. Nie ma zbyt wiele wspólnego ze strachem jako niepokojącą emocją wzbudzaną w sytuacji niebezpieczeństwa. Święty Augustyn zauważa, że istnieją różne rodzaje strachu, a bojaźń Boża to nie „ludzki strach", ale strach, o którym napisano: „[…] Bójcie się raczej tego, który może duszę i ciało zatracić w piekle" (Mt 10,28). Bać się to w tym znaczeniu: mieć wzgląd, traktować poważnie, a nawet czcić kogoś jako godnego szacunku. Kiedy mówimy o swoim braku strachu przed Bogiem i ludźmi, stwierdzamy, że niespecjalnie dbamy o czyjeś zdanie, nawet o zdanie Boga. Gdy określamy kogoś mianem „bogobojny", uznajemy, że osoba ta bardziej dba o zdanie Boga niż innych i woli spełnić Jego wymagania niż kaprysy ludzi.

Pewnie już się zorientowałeś, że Święta Katarzyna ze Sieny należy do moich ulubionych Doktorów Kościoła. Poczyniła ona ważne rozróżnienie dotyczące mądrości i bojaźni Bożej. W *Dialogu* często podkreśla różnicę między tak zwaną „bojaźnią służalczą" a „bojaźnią świętą". Pierwsza z nich to strach właściwy sługom i niewolnikom, a druga – synom i córkom.

Jedna powoduje smutek i niepokój, druga – radość i pokój. Postawiwszy pytanie podobne do tego, jakie sformułował Machiavelli, Katarzyna usłyszała zupełnie przeciwstawną odpowiedź Boga. Służalcza bojaźń nie wystarczy, by osiągnąć życie wieczne; istotą jest miłość. Niegdyś rządziło prawo strachu, dziś obowiązuje prawo miłości. Gdy Jezus oznajmił: „Już nie nazywam was sługami [...]. Nazywam was przyjaciółmi", określił różnicę między starym a nowym prawem.

Czy zauważyłeś, że nie ma nic bardziej ożywczego niż przebywanie z kimś, kto nie dba o zdanie innych? Tacy ludzie są szczęśliwsi, bardziej radośni i wolni, nie mają też ukrytych zamiarów. Tak naprawdę niczego nie ukrywają. Widać, co widać, a widać bezinteresowność. Z drugiej strony, zwykle jest oczywiste, że ktoś, kto usiłuje z pobudek egoistycznych wywrzeć dobre wrażenie, zdobyć czyjś głos czy poparcie, po prostu udaje. Jest to człowiek stłamszony i ograniczony. W takim stanie ducha nie sposób być w pełni szczęśliwym.

Szczególnie cieszą mnie nieustające ostrzeżenia papieża Franciszka przed „klerykalizmem". Stwierdził on, że takie budowanie kariery to antyteza naszego powołania do służby. Święta prawda! Najszczęśliwsi znani mi młodzi księża to ci, którzy nie pragną zostać dostojnikami kościelnymi czy biskupami i unikają działań powodowanych chęcią wspinania się po szczeblach kariery. Jakże jest wyzwalające nie mieć zamiarów innych niż miłość i nie bać się niczego prócz niezadowolenia Boga! Jeśli robię to, co do mnie należy, a mój szef czy biskup nadal mnie nie lubi, poradzę sobie. Jeżeli zostanę przypisany do najgorszej możliwej posługi, nic mi nie będzie! Nie tyle nie wspinam się po szczeblach, ile nawet nie widzę żadnej drabiny. Ufam, że sam Jezus będzie moją drabiną w dniu, w którym Bóg wezwie mnie do swego domu. Jeśli sprawdza się to wśród duchownych, podobnie będzie u świeckich. Kogo starasz się zadowolić i dlaczego? Po co żyjesz? Mądrość, której pragnie dla nas Bóg, poprowadzi nas w końcu w miejsce wielkiego pokoju i radości.

Dobrze jest zadawać sobie pytania, dlaczego robimy to, czego nie powinniśmy robić, i dlaczego nie czynimy tego, co wypadałoby uczynić. Skoro grzech i egoizm stanowią jedynie oznaki naszej słabości, możemy robić co w naszej mocy, pytać zaufanych ludzi o radę, jak przezwyciężać nasze niedostatki, i wstawać po każdym upadku. Ale czasami mamy do czynienia z kwestią bardziej fundamentalną: nie powierzyliśmy się Bogu. Wciąż żyjemy dla siebie. Nie czujemy „świętej bojaźni" wobec Pana.

Bojaźń Pańska to początek mądrości. Jeśli Bóg jest naszym punktem odniesienia, jeżeli zwracamy się do Niego jako do Tego, który określa, co jest ważne, a co nie, i jeśli chcemy przede wszystkim zadowolić Jego, to znaczy, że już wkroczyliśmy na ścieżkę prawdziwej mądrości. Odkryliśmy prawdziwą miarę tego, co jest mądre, i tego, co nie jest. Boimy się Pana bardziej niż drugiego człowieka. Jeśli poważamy Jego słowo bardziej niż mądrości tego świata, już pokładamy ufność w tym, co trzeba. Zaprawdę jest to mądrość.

...

Ojcze Niebieski, choć mówiłem o tym już wcześniej, dziś stwierdzam z jeszcze głębszym przekonaniem: wybieram życie z Tobą! Wzbudź we mnie więcej świętej bojaźni wobec Ciebie i tylko Ciebie. Oczyść moje zamiary, bym mógł pragnąć jedynie Twojego zadowolenia i miłowania innych, tak jak Ty ich miłujesz.

Rozdział 35

Rozeznanie

Popowa piosenka pt. *Turn! Turn! Turn!* stała się hitem w roku 1965, kiedy to powstał jej cover, wykonywany przez zespół The Byrds. Oryginał napisał w roku 1959 Pete Seeger. Utwór ten wyróżniono spośród wszystkich hitów zestawienia *Billboard* jako mający najstarszy tekst – stanowi on adaptację fragmentu Księgi Koheleta. W tekście, którego autorstwo często przypisuje się królowi Salomonowi, wyliczono ludzkie działania właściwe dla danego okresu lub pory roku:

> Wszystko ma swój czas, i jest wyznaczona godzina na wszystkie sprawy pod niebem:
> Jest czas rodzenia i czas umierania, czas sadzenia i czas wyrywania tego, co zasadzono,
> czas zabijania i czas leczenia, czas burzenia i czas budowania,
> czas płaczu i czas śmiechu, czas zawodzenia i czas pląsów,
> czas rzucania kamieni i czas ich zbierania, czas pieszczot cielesnych i czas wstrzymywania się od nich,
> czas szukania i czas tracenia, czas zachowania i czas wyrzucania,
> czas rozdzierania i czas zszywania, czas milczenia i czas mówienia,
> czas miłowania i czas nienawiści, czas wojny i czas pokoju[47].

Zdaniem autora tekstu, na wszystko jest właściwa pora – tym samym można stwierdzić, że wszystko ma też niewłaściwy czas. Z pewnością jest czas pląsów, ale raczej nie w trakcie egzaminu ani pogrzebu przyjaciela. Cnota rozeznania czy też roztropności wskazuje nam właściwy czas i miejsce na wszystko, pozwala odróżnić od siebie rzeczy, które wydają się podobne. Rozeznanie oznacza oddzielanie. Rozeznanie to mądrość w działaniu, cnota przypisana Bożemu słowu.

Słowo Boże, jak czytamy w Liście do Hebrajczyków, jest „[…] skuteczne i ostrzejsze niż obosieczny miecz i tak przenikliwe, że aż rozdziela spojenia i rdzenie duszy i ducha, a zdolne jest rozsądzać myśli i zamiary serca" (Hbr 4,12). Słowo „rozdzielać" (łac. *discretor*) oznacza 'odróżniać'. Dobre słowo potrafi porwać zmęczonych, ośmielić bojaźliwych i ukoić zatroskanych. Ale złe słowo może wywołać wręcz przeciwny skutek: zawstydzić, wzbudzić podziały, zaniepokoić i wywołać skandal. A kto może rozdzielać? Kto zna najlepszy czas na działanie, najlepsze słowa, jakie można wypowiedzieć? To także jest mądrość, o którą pokornie prosimy Ducha Mądrości, Boga.

> Duchu Święty,
> natchnij mnie, bym wiedział, co myśleć,
> co powinienem mówić,
> co powinienem przemilczeć,
> co powinienem spisać,
> co powinienem zrobić,
> jak powinienem działać dla dobra wszystkich ludzi,
> wypełnienia mojego powołania
> i triumfu królestwa Chrystusowego.

W książeczce *Ćwiczenia duchowne* Ignacy Loyola naucza, że ważnym aspektem rozeznania w wielkich sprawach jest "rozeznanie duchów". Przez "duchy" rozumie namacalne działanie Boga w naszych duszach prowadzące w konkretnym kierunku, kiedy rozważamy wybór drogi. Odkrywamy to Boże działanie – poruszenie Ducha w duszy – przez dłuższy czas. Pozwól, że to wyjaśnię.

Jakiś czas temu byłem w Rzymie z kardynałem Timothym Dolanem i dostąpiłem radości współprowadzenia jego audycji katolickiej w radiu. Byli z nami uczniowie college'u, których zaprosiliśmy do zadawania pytań kardynałowi. Pewien młody człowiek opowiedział mu poruszającą historię o niedawnym zerwaniu z dziewczyną. Spytał: "Kardynale, skąd mam wiedzieć, czy postąpiłem słusznie?". Słuchacze nie wiedzieli, czy się śmiać, czy płakać. Z jednej strony, zabawnie było słuchać, jak uczeń prosi kardynała o poradę w sprawach sercowych, a zwłaszcza dotyczących dziewczyny, której ten nigdy nie poznał. Z drugiej jednak, pytanie to było tak osobiste i nietypowe w tej sytuacji, że wszystkim zrobiło się żal młodego człowieka. Tak czy inaczej, byliśmy ciekawi, co odpowie kardynał.

Kardynał Dolan zazwyczaj zaczyna wypowiedź od dowcipu. To pozwala się wszystkim rozluźnić i otworzyć serca na poważną odpowiedź, której za chwilę udzieli. Ale tym razem był od początku poważny. Zaczął od przypomnienia temu chłopakowi, że kiedy rozeznajemy Bożą wolę, zwykle możemy być pewni kilku rzeczy. Przykładowo, jeśli jego była dziewczyna pozostaje w małżeństwie z kimś innym, to nie jest tą właściwą. Jeśli on poślubił już inną, wybór tamtej również nie jest dobry. Jeśli ona nie podziela jego wartości, pewnie nie jest dla niego dobra. Jeśli ona nie podoba się jemu lub on jej, to z pewnością nie powinni być razem. Jeśli ludzie, którym ufa, w większości mówią, że ona do niego nie pasuje, pewnie tak jest w istocie.

Kiedy te wątpliwości zostały wyjaśnione, kardynał mówił dalej, a my wciąż nie wiedzieliśmy, jak zareagować, co zwykle oznacza, że potrzeba więcej rozeznania. Do gry wkroczyło Ignacjańskie „rozeznanie duchów". Kardynał wytłumaczył młodemu człowiekowi, że polega ono na analizie stanu umysłu i serca przez dłuższy czas. Czy z tego lub innych wyborów płyną trwały pokój i pogoda ducha? Przez dłuższy czas obserwujemy, czy łatwiej nam się modlić, komunikować z Bogiem i kochać ludzi na tej ścieżce, czy może na innej.

Kardynał przypomniał, że rozeznanie duchów, wykrywanie Bożego działania w naszej duszy, łagodnie popychającego nas w kierunku, który będzie dla nas najlepszy, pomaga nam podejmować mądre decyzje. Mądrość, by odróżniać jedno od drugiego, jest równie prawdziwa, jak subtelna. Bóg jest po naszej stronie. Nie czeka, by ukarać nas, jeśli próbujemy rozeznać Jego wolę, ale odczytujemy ją źle. Prosi tylko o serce i myśli gotowe do tego, by słuchać Jego szeptów. Jest prawdziwym źródłem wszelkiej ludzkiej mądrości, o którą się modlimy.

...

W głębi serca pragnę jedynie wypełniać Twoją wolę, Panie. Czasami moje myśli, serce lub ciało podpowiadają mi, że inna droga będzie lepsza. Użycz mi dziś daru wielkoduszności w rozeznawaniu Twojej woli. Obdarz mnie swoją mądrością, bym rozeznał drogę, którą powinienem obrać, w sprawach zarówno większych, jak i mniejszych.

Rozdział 36

Nie unikaj ryzyka

„Mądrość, by odróżnić jedno od drugiego" mówi nam o duchu rozeznania, duchu nie bojaźliwości czy gwałtowności, lecz jasności i celowości. Przeważnie kojarzymy roztropność z unikaniem ryzyka, zdolnością panowania nad impulsami, wybieraniem ostrożnej, „roztropnej" drogi. Które z tych przypadków powiązałbyś z cnotą roztropności?

1. Kobiecie zaproponowano awans na zastępczynię dyrektora międzynarodowej firmy. Po rozważeniu różnych opcji i rozmowie z mężem przyjęła tę propozycję – pomimo świadomości negatywnego wpływu, jaki ta decyzja wywrze na jej życie rodzinne w związku z większą liczbą podróży i obowiązków.
2. Mężczyźnie zaproponowano udział w nowym przedsięwzięciu biznesowym, które zakłada zwiększenie zysków o 25%. Postanowił nie ryzykować majątkiem rodziny i odrzucił ofertę.
3. Kobietę poproszono o wyrażenie opinii na temat małżeństw jednopłciowych. Udzieliła dyplomatycznej odpowiedzi, by uniknąć urażenia czyichś uczuć i utraty pracy.
4. Mężczyzna dostał zaproszenie na wycieczkę do Las Vegas, ale ponieważ zdaje sobie sprawę ze swojej słabości do alkoholu i kobiet, a także zna wartości, jakie wyznają jego współpracownicy, wykręcił się od wyjazdu.

Są to przykłady roztropności, ale naturalnie skłaniamy się jednak do poglądu, że to bardziej ostrożne wybory są roztropne. Jak przekonaliśmy się dzięki Jezusowi, roztropność to nie tylko kwestia rozpoznania, czego nie powinniśmy mówić lub robić, lecz także zdawanie sobie sprawy z tego, co powiedzieć i czynić, nawet jeśli kogoś tym urazimy, szczególnie jeśli dotyczy to nas samych.

Doskonale obrazuje to pewien fragment Ewangelii. Szymon Piotr i inni apostołowie przeprawiają się przez Jezioro Galilejskie w trakcie burzy (Mt 14,22–33). Dostrzegają Jezusa, który idzie ku nim po wodzie. Piotr woła: „[...] Jeśliś to Ty, Panie, każ mi przyjść do siebie po wodzie". W tym samym czasie pozostali uczniowie siedzą w łodzi i obserwują, co się stanie. Kto jest roztropniejszy: Piotr czy inni apostołowie? Pewnie od razu pomyślimy, że to pozostali są bardziej roztropni, ponieważ wstrzymują się przed pochopną decyzją o opuszczeniu łodzi i pójściu po wodzie w czasie burzy. A jednak Jezus odpowiada: „Przyjdź!". Piotr wychodzi z łodzi i zaczyna do Niego iść. Całkowita ufność pokładana w Panu jest dobra i w ostatecznym rozrachunku stanowi roztropne rozwiązanie.

Tomasz z Akwinu opisuje roztropność jako królową i „woźnicę" cnót. Jego zdaniem, kieruje ona pozostałymi cnotami niczym końmi ciągnącymi rydwan. Na podstawie tych rozważań w *Katechizmie Kościoła katolickiego* określono roztropność jako cnotę, „która uzdalnia rozum praktyczny do rozeznawania w każdej okoliczności naszego prawdziwego dobra i do wyboru właściwych środków do jego pełnienia [...]. Roztropność jest »prawą zasadą działania«"[48].

Jakkolwiek racjonalne wydaje się dzisiejsze zsekularyzowane społeczeństwo, uważam, że rozsądek tak naprawdę spadł z piedestału. Więcej mówi się o podejmowaniu decyzji na podstawie emocji, przeczuć i wrażliwości niż racjonalnych wyborów, które brzmią jakoś tak chłodno i nieczule. W końcu dobre działanie jest wynikiem dobrego rozumowania. A u chrześcijanina rozumowaniu temu przyświeca wiara.

Weźmy prosty przykład ze sportu. Wyobraź sobie baseballistę trzymającego kij. Ma on do podjęcia decyzję. Właściwie wybór jest ograniczony do dwóch działań: można wykonać zamach lub nie. Pomimo pozornej prostoty tej decyzji istnieje kilka czynników, które uderzający musi wziąć pod uwagę, i to często w jednej chwili. Tutaj bogactwo roztropnego podejmowania decyzji staje się wyraźniejsze. Z jednej strony, możemy stracić okazję (istnieje niebezpieczeństwo, że będziemy czekać zbyt długo lub przegapimy najlepszy rzut). Innymi słowy, brak działania ze strony uderzającego przynosi określone skutki. Roztropność nie zawsze polega na niepodejmowaniu działania. Wykazanie się nią wiąże się ze zdawaniem sobie sprawy z tego, że zarówno działanie, jak i jego brak niosą ze sobą korzyści i ryzyko. Uderzający musi uniknąć dwojakiego niebezpieczeństwa, jakie przynoszą perfekcjonizm (oczekiwanie na idealny rzut) i niedbalstwo (założenie, że każdy rzut jest dobry).

Po drugie, uderzający musi ocenić rzeczywistość: jakość rzutu. Czy rzut jest udany, czy nieudany? Wysoki czy niski? W zasięgu uderzającego czy poza nim?

Po trzecie, roztropność wymaga znajomości samego siebie. Uderzający musi mieć świadomość swoich zalet, słabości i skłonności. Jakie uderzenia woli (lub z jakimi sobie nie radzi)? Jak wychodzi mu odbieranie niskich i wysokich piłek? Podczas podejmowania wszelkich decyzji musimy nie tylko rozważyć wybór, lecz także wziąć pod uwagę swoje możliwości!

Po czwarte, uderzający musi rozważyć wiele okoliczności, które wpływają na jego podejście do decyzji. Jaki jest wynik?

Czy może sobie pozwolić na pomyłkę przy kolejnym rzucie? Ile osób jest w bazie? Która to runda? Jeśli wynik to 3:0, uderzający może odprężyć się bardziej, niż kiedy wynik wynosi 0:2. Jeśli jego drużyna bije przeciwników na głowę, może on mieć więcej luzu, niż gdy różnica jest niewielka.

Pisałem wcześniej o szargającej mi nerwy decyzji o opuszczeniu zakonu misjonarzy, do którego należałem przez piętnaście lat, przeprowadzce do Nowego Jorku i rozpoczęciu pracy w charakterze księdza diecezjalnego. Miałem poważne wątpliwości, kiedy opuszczałem zakonną rodzinę. Myślałem, że mój wybór jest nieroztropny, że może lepiej byłoby zostać na miejscu. Ale było we mnie coś – teraz wiem, że było to poruszenie Ducha – co zachęcało mnie usilnie i wystarczająco długo do tego, bym zdecydował się skoczyć na głęboką wodę. W tym wypadku nie mogę powiedzieć, że od początku podążałem zalecaną ścieżką „rozeznawania duchów". To przyszło później. W jednej chwili po prostu wiedziałem, że Bóg prowadzi mnie prędko do przodu. Kiedy patrzę wstecz na to, co wydarzyło się w zakonie przez kolejne lata, rozumiem, dlaczego Bóg nakłaniał mnie, bym działał tak szybko. Gdybym zaczekał, czułbym się zobowiązany do tego, by zostać i uczestniczyć w nieuchronnie zbliżającym się procesie reform zarządzonym przez Watykan. Z pewnością Bóg dał to zadanie innym, ale nie mnie.

Przytaczam tę osobistą historię raz jeszcze podczas naszej podróży w poszukiwaniu Bożego pokoju przez pogodę ducha, odwagę i mądrość, by pokazać, że w ostatecznym rozrachunku są to dary Boże, które dostajemy osobiście. To Bóg ukazał mi mądre i roztropne rozwiązanie w tamtej chwili. Moja decyzja nie była wynikiem racjonalnej analizy sytuacji czy zastosowania jakiegoś ogólnie przyjętego wzoru.

Wreszcie: ważne są nawyki. Cnota roztropności jest nie tylko dobrym zachowaniem, lecz także dobrym nawykiem. Uderzający nie mógłby rozważyć wszystkiego w jednej chwili. Musi polegać na swoim instynkcie. Jego instynkty to jednak nie wewnętrzne skłonności, lecz wzorce zachowania, które przyswoił sobie przez powtarzanie. Nigdy nie powinniśmy mylić doświadczenia (podejmowania dobrych, racjonalnych decyzji) ze zwykłą intuicją (przeczuciami). Powtarzanie przemyślanych, świadomych, dobrych działań tworzy dobry nawyk, aż w końcu dobre działania stają się naszą drugą naturą. Na boisku nie ma znaczenia, ile książek o basebollu przeczytaliśmy. Liczy się to, czy nawykliśmy do podejmowania właściwych decyzji w ułamku sekundy, kiedy nie ma czasu na rozpatrywanie wszystkich możliwości. Tak samo jest w życiu duchowym. Najlepsze decyzje podejmuje ten, kto wykształcił w sobie nawyk słuchania Bożego głosu i podążania za nim.

„Mądrość, by odróżniać jedno od drugiego" to owoc Ducha, zwykle przypominający cnotę roztropności. Prosimy o nią, ale także nad nią pracujemy. Dobre nawyki w połączeniu z łaską Ducha Świętego pozwalają nam działać tak, jak powinniśmy – z pogodą ducha, odwagą i mądrością.

...

Ojcze Niebieski, podjąłeś najwyższe ryzyko obdarzenia ludzkości wolną wolą. Założyłeś, że powiem „tak" Twojej miłości i przebaczeniu. Użycz mi tego samego ducha roztropnego podejmowania ryzyka, wbrew nikczemnym podszeptom ciała, które ściągają mnie w dół, a także na korzyść Twojego doskonałego planu na moje życie.

Rozdział 37

Sensowne życie

Czy nabierasz mądrości w miarę lektury? Nawet jeśli tego nie czujesz, założę się, że tak. W ten sposób Bóg wydaje się użyczać mądrości. Karmi nas prawdą po kawałeczku i nawet kiedy jeszcze ją trawimy, staje się ona budulcem naszego ducha i częścią jestestwa. Choć możemy nie zdawać sobie z tego sprawy, zaczynamy myśleć i osądzać inaczej. Przykładamy większą wagę do rzeczy istotnych. Stajemy się bardziej cierpliwi, ufni w Bożą moc i wolę działania wtedy, gdy nam brakuje sił. Mniej dbamy o opinie innych, poświęcamy więcej uwagi temu, jak widzi nas Bóg.

Stawanie się mądrymi mężczyznami i kobietami – tak, jak chce tego Bóg – nie przebiega tak samo ani w tej samej kolejności u każdego. Każdy z nas toruje sobie własną drogę do Bożej mądrości. Każdy z rozdziałów niniejszej książki ma być elementem układanki. Przyjrzyj się im. Pomyśl, gdzie mógłbyś je położyć, zrób to albo odłóż na później. Być może zechcesz wrócić do nich w przyszłości – raz jeszcze przeczytać dany rozdział w odniesieniu do sytuacji, w której się znajdziesz. Rozważ wtedy, czego brakuje, co jest na swoim miejscu, a co wymaga usunięcia lub zmiany, by lepiej wpasowywało się w mozaikę prawdy.

Większość życia spędzamy na zamartwianiu się tym, jak coś zrobić. Nauka w szkole jest ukierunkowana na nabywanie umiejętności wykonania jakichś zadań. Mamy być przydatni i „zaradni", kształtować swoje kompetencje w rozmaitych obszarach. Nasza wartość w oczach innych wzrasta, gdy opanowujemy kolejne umiejętności i poszerzamy wachlarz naszych zdolności. Kiedy tak się dzieje, rośnie nasza samoocena, zyskujemy zdrowe poczucie niezależności. Uczymy się tego, jak obsługiwać komputer, prowadzić samochód, gotować, prowadzić księgowość, przeprowadzać eksperymenty, komunikować się, rozwiązywać problemy itd. Zdolności te dają nam poczucie, że dobrze radzimy sobie w życiu. Są ogromnie ważne – dopóki jesteśmy świadomi tego, że istnieje ważniejszy wymiar naszej egzystencji: sens kryjący się za tymi zdolnościami. Jeśli mądrość to zdolność rozeznawania tego, co ważne, musimy zdawać sobie sprawę ze względnej wagi naszych umiejętności i zdolności – zarówno teraz, jak i w perspektywie wieczności.

W przeciwieństwie do innych stworzeń my, ludzie, potrafimy określić motywy naszych działań. One stanowią o nas. Po co wstaję rano? Dlaczego opiekuję się chorym członkiem rodziny? Dlaczego traktuję ludzi w taki, a nie inny sposób? Po co chodzę do szkoły czy pracy? Dlaczego jestem w związku? Pytania te są ostatecznie ważniejsze niż samo uczestniczenie we wspomnianych czynnościach. Rozważenie celu tych działań jest ogromnie ważne w trakcie pogoni za mądrością.

Victor Frankl, mistrz teorii sensu, analizując własne doświadczenia w nazistowskich obozach koncentracyjnych, doszedł do następującego wniosku:

> Istota ludzka nie jest rzeczą taką, jakich wiele; rzeczy determinują się nawzajem, podczas gdy człowiek ma nieskończoną zdolność samookreślania. To, kim się staje – w granicach wyznaczonych mu przez otoczenie oraz przyrodzone możliwości – zawdzięcza

tylko sobie samemu. Przykład? W obozach koncentracyjnych, na tym żywym laboratorium i polu doświadczalnym, obserwowaliśmy i byliśmy świadkami tego, jak wielu z naszych towarzyszy zachowywało się jak świnie, podczas gdy inni postępowali niczym święci. Człowiek ma możliwość wyboru każdej z tych postaw; to, którą z nich urzeczywistni, zależy wyłącznie od jego osobistej decyzji, a nie od okoliczności[49].

Głęboka wiara Frankla w wolność osoby ludzkiej zasadzała się na jego doświadczeniu tego, jak skrajnie są odmienne reakcje różnych ludzi na te same okoliczności. Niektórzy pozwolili ukształtować się środowisku, a inni sami zdecydowali, kim chcą się stać. Przejmujące jest, jak w okrutnych warunkach obozu Frankl dostrzegł, że „wielu z naszych towarzyszy zachowywało się jak świnie, podczas gdy inni postępowali niczym święci". W tej niesamowitej książce pt. *Człowiek w poszukiwaniu sensu* stwierdził, że „jeśli chodzi o wolę przetrwania w najtrudniejszych nawet warunkach, nic na całym świecie nie może się równać ze świadomością, że nasze życie ma sens. Wiele jest prawdy w słowach Nietzschego, który powiedział:»Ten, kto wie, dlaczego żyje, nie troszczy się o to, jak żyje«"[50]. To sens, który motywuje nasze działania i wyzwala z obawy przed absurdalnością egzystencji.

W jakimś stopniu sens płynie z naszej woli. Tworzymy go poprzez nadawanie znaczenia, wartości i motywacji naszym wyborom oraz działaniom. Postanawiamy robić określone rzeczy w określony sposób i z określonej przyczyny. Tworzymy swoje życie poprzez nasze decyzje, a każda pojedyncza chwila wchodzi w skład większej historii, „żywej autobiografii", którą pisze każdy z nas. Ale obok sensu, który sami tworzymy, w ludzką egzystencję jest wpisany inny sens. Musimy go odkryć. Nasza historia wpasowuje się w jeszcze większy obraz, jakim jest historia ludzkości, złożona sieć relacji, wydarzeń i działań.

Niektórzy ludzie oczywiście się z tym nie zgodzą. Będą się spierać, że wszechświat sam w sobie nie ma sensu – jedynie taki, jaki mu nadamy. Ich zdaniem, należy w pełni to zaakceptować, nawet jeśli oznacza to pogodzenie się z prawdą, że wszechświat nie ma absolutnie żadnego sensu. Przecież lepiej przyjąć tę absurdalność, niż żyć uparcie w kłamstwie. Zgadzam się z tym ostatnim w stu procentach. Kłamstwo powodowane dobrymi intencjami lub zakończone szczęśliwym skutkiem nadal pozostaje kłamstwem. Jestem jednak również głęboko przekonany o tym, że każda najdrobniejsza chwila ludzkiego życia jest wypełniona znaczeniem. Wystarczy je odkryć. Wszechświat jest dostępny rozumowi; co do tego zgodni są zarówno ateiści, jak i wierzący. W innym wypadku nauki przyrodnicze nie miałyby racji bytu. Muszą istnieć prawa i wzorce rządzące naturą, by nauka była w stanie sformułować jakiekolwiek zasady czy hipotezy. Skąd pochodzi ten sens? Czy to kwestia przypadku, czy wytwór inteligentnego Projektanta?

Znacie moje zdanie, ponieważ poświęciłem życie dla tej odpowiedzi. Bóg to Stwórca stojący za tobą, za mną i za całym stworzeniem. Egzystencjalny sens i znaczenie spoczywają w Nim samym. Pozwól, że opowiem ci, jak doświadczam tego w codziennym życiu.

Dawno temu postanowiłem, że skoro Bóg mnie stworzył i ma dla mnie plan polegający w pierwszej kolejności na dostaniu się do nieba oraz zabraniu tam za sobą jak największej liczby ludzi, jak mówi Biblia, to powinienem podchodzić do wszelkich decyzji z prostym pytaniem: czy ta stworzona rzecz, osoba, organizacja, czynność pomoże mi osiągnąć ten cel, a może stanowi rozproszenie? Szczerze mówiąc, często wcale nie zadaję sobie tego pytania, a nawet jeśli to robię, niekiedy wolę rozproszenie od prawdy. Ale takie fundamentalne postanowienie (Ignacy Loyola nazwał to „Zasadą pierwszą i podstawową") zmienia życie. To proste pytanie i odpowiedź na nie nadaje duchowy sens moim działaniom.

Jeśli masz współmałżonka oraz rodzinę i musisz zadecydować, czy przeprowadzić się do innego miasta ze względu na pracę, odważ się zadać sobie to pytanie, a obiecuję ci, że właściwy wybór wyda się bardziej oczywisty. A jeśli będzie to ten trudniejszy, który wywoła narzekania dzieci i wątpliwości współmałżonka? Cóż, skutki mogą nie być łatwe, ale przecież masz dobry powód, by iść do przodu! Za twoim działaniem stoi duchowy sens, który przyprowadzi ciebie i twoją rodzinę bliżej Boga.

Możemy czerpać pociechę z wiedzy o tym, że nasz wysiłek, by podjąć mądry wybór poprzez rozeznanie Bożej woli, zawsze uzyska błogosławieństwo, nawet jeśli początkowo rezultat przynosi rozczarowanie. Kilka lat temu podeszli do mnie członkowie pewnej rodziny i spytali, czy parafia mogłaby wspomóc ich finansowo, ponieważ przechodzą straszliwy kryzys w związku z brakiem zatrudnienia i chorobą najmłodszego dziecka. W tej parafii z zasady nie dawało się pieniędzy pojedynczym osobom; raczej wspierało się programy dla potrzebujących. Poradziłem tym ludziom, by udali się po pomoc do odpowiednich organizacji, ale okazało się, że ich pracownicy nie byli w stanie udzielić im wystarczającego wsparcia. Oboje rodzice nie mieli pracy, a sześcioosobową rodzinę miała czekać eksmisja. Opiekowali się też najmłodszą córką, która przebywała w pobliskim szpitalu. Byli w rozpaczliwej sytuacji, nie mogłem więc przejść nad tym do porządku dziennego. Postanowiłem poprosić dwóch przyjaciół, byśmy wspólnie zrzucili się na opłacenie wynajmu mieszkania na pół roku. Chciałem dać tej rodzinie czas, by stanęła na nogi i nie musiała przeprowadzać się daleko od szpitala. Każdy z nas wyłożył po dwa tysiące dolarów. Odebrawszy czeki, poszedłem z ojcem rodziny do banku i otworzyłem konto na jego nazwisko. Było to jego pierwsze konto bankowe. Dwa tygodnie później rodzina wyprowadziła się z mieszkania, nie opłaciwszy wynajmu, i słuch po niej zaginął.

Trudno mi było to przełknąć. Czułem się wykorzystany przez tę rodzinę. Było mi też wstyd przed hojnymi przyjaciółmi. Czy mój wybór był mądry? Nie za bardzo. Czy zyskał on Boże błogosławieństwo? Z całą pewnością. Krótkoterminowe skutki naszych decyzji są mniej ważne niż szczera pogoń za Bożą wolą. Wierzymy, że w perspektywie nieba słuszne wybory zawsze są tymi najlepszymi, nawet jeśli nie wychodzą nam na dobre w życiu doczesnym.

Zwykła droga do mądrości prowadzi do stawiania sobie trudnych pytań o sens świata i życia, a następnie do zachowania w zgodzie z prawdą, którą odkryjemy.

...

Ojcze, mam tyle na głowie, tyle do zrobienia, i doświadczam tak wielu rozproszeń, że często po prostu czuję się tak, jakbym płynął z prądem życia. Nie chcę tego robić, ponieważ wiem, że mogę w ten sposób przeoczyć Twój plan wobec mnie, plan jedności z Tobą w sercu i działaniu. Użycz mi dziś mądrości, bym czynił wszystko z zamysłem pełnym miłości.

ROZDZIAŁ 38

Chrześcijańska mądrość?

Wybitny chrześcijański apologeta C.S. Lewis jest autorem prowokacyjnego eseju na temat idei literatury chrześcijańskiej. Napisał go na podstawie artykułu odczytanego przed oksfordzką wspólnotą wierzących. Pyta w nim, czy istnieje coś takiego jak „literatura chrześcijańska"[51], a jeśli tak, czym różni się ona od literatury świeckiej. Jego główna teza głosi, że zasady dobrej literatury są takie same zarówno dla chrześcijan, jak i dla niechrześcijan. Jak stwierdza Lewis: „Wątpię, czy ma ona [literatura chrześcijańska] jakiekolwiek cechy literackie właściwe tylko dla niej. Tworzenie dobrego misterium męki Pańskiej czy dobrej poezji religijnej rządzi się tymi samymi prawami, co pisanie tragedii czy poezji w ogóle". Dalej przytacza żartobliwy przykład. Postawiwszy pytanie, czy istnieje coś takiego jak chrześcijańska książka kucharska, słusznie stwierdza: „Gotowanie jajka przebiega tak samo, bez względu na to, czy jesteś chrześcijaninem, czy poganinem". Ma rację. To absurd – mówić o chrześcijańskiej matematyce czy chrześcijańskim układzie okresowym pierwiastków, jakby chrześcijanin miał przestrzegać innego zbioru zasad podczas zajmowania się algebrą czy chemią.

Prawda dla chrześcijanina powinna być zbieżna z prawdą dla niechrześcijanina. Tak podpowiada zdrowy rozsądek. A zatem dlaczego mielibyśmy mówić o chrześcijańskiej mądrości, jakby różniła się ona czymś od powszechnej mądrości ludzkiej? Z pewnością to prawda, że wszystko, co naprawdę dobre dla ludzkości, jest równie dobre dla chrześcijanina – i na odwrót. Chrześcijaństwo wynosi człowieka, ale nie zmienia jego natury.

Chrześcijańska mądrość, jeśli coś takiego w ogóle istnieje – a sądzę, że tak – nie może być mądrością zasadną tylko dla chrześcijan. Musi być coś jeszcze. Mądrość ta nie jest ezoterycznym, gnostycznym typem wiedzy zarezerwowanym dla kilku oświeconych wtajemniczonych. Musi polegać raczej na wyższej mądrości, którą Chrystus przyszedł objawić całej ludzkości. Chrześcijanie wierzą, że Bóg stał się człowiekiem, by objawić nam prawdę o ludzkiej egzystencji. Jezus Chrystus jest Bogiem, lecz także człowiekiem. Jeśli rozpoznajemy w Nim Boga, wiemy też, jaki powinien być człowiek – doskonały człowiek – którym ma stać się każdy z nas. Jeśli chcemy wiedzieć, co to znaczy być prawdziwie człowiekiem i co jest w życiu najważniejsze, odpowiedź znajdziemy w życiu Chrystusa. Chrześcijańska mądrość obejmuje zatem sprzeczne czasami z intuicją prawdy o ludzkim życiu, które korespondują z Bożą wizją – a ta stanowi przecież całkowicie obiektywne i czyste postrzeganie rzeczy takimi, jakimi są.

Chrześcijańska mądrość wykracza poza mądrość typowo ludzką, ale jej nie zaprzecza. Pochodzi od samego Boga. Chrześcijaństwo podaje podstawowe wytyczne służące ocenie rozmaitych aspektów ludzkiej egzystencji i przypisywaniu im takiej wagi, na jaką zasługują. Mądrość ta umożliwia odróżnienie tego, co ważne, od tego, co nieważne. Chrześcijaństwo naucza na przykład, że wieczność jest ważniejsza od doczesności, Boża wola – od względów pragmatycznych, a osoby są ważniejsze od rzeczy.

Kolejne elementy chrześcijańskiej mądrości są warte zgłębienia, poświęcę im więc teraz nieco miejsca.

Rozdział 39

Niebo w głowie

W roku 2009 ukazał się bestseller Suzy Welch pt. *10–10–10: 10 minut, 10 miesięcy, 10 lat: Metoda, która odmieni wasze życie*[52]. To przewodnik pomagający roztropnie podejmować decyzje, mający u podstaw bardzo prostą przesłankę. Często dokonujemy złych wyborów, ponieważ działamy pod wpływem emocji chwili – zamiast oprzeć się na rozsądku. By uciec z tej pułapki, Welch proponuje zwolnić i spytać siebie, jak czujemy się z daną decyzją dziesięć minut od tej chwili, dziesięć miesięcy od niej i dziesięć lat później. Roztropne podejmowanie decyzji wymaga wyjścia poza daną chwilę, by dodać sytuacji obiektywizmu, wznieść się ponad emocje, postąpić rozsądnie.

Welch ma rację. Wielokrotnie wypowiadamy słowa, których natychmiast żałujemy, ale nie możemy ich cofnąć. Gdybyśmy po prostu ugryźli się w język i powstrzymali na dziesięć minut, by przemyśleć, jak czujemy się z tymi słowami, oszczędzilibyśmy sobie dużo wstydu i żalu. Dziesięć minut to wystarczający czas na ochłonięcie, szczególnie kiedy odczuwamy złość czy unosimy się dumą. Zanim wymsknie nam się niemiłe czy raniące słowo lub wyślemy uszczypliwą wiadomość, przyda się chwila refleksji.

Taka strategia działa zarówno średnio-, jak i długoterminowo. Zadanie sobie pytania, jak poczujemy się z danym wyborem dziesięć miesięcy czy lat później, gdy opadną już emocje, z pewnością pomoże nam podejmować roztropne decyzje, z których zawsze będziemy zadowoleni. Często nasze rady udzielane innym (kiedy występujemy w roli obiektywnych osób trzecich) trafiają w punkt, podczas gdy nasze własne wybory nie mają głębszego sensu. Jak ocenimy decyzję biznesową, rozwód, przeprowadzkę, przypadkowy romans dziesięć miesięcy albo dziesięć lat po czasie? Poddanie się temu ćwiczeniu po to, by wyeliminować teraźniejsze uczucia, może skutecznie pogodzić ze sobą nasze dobre rady i prawdziwe podejmowanie decyzji.

Jakkolwiek słuszna jest rada Welch, nie potrafię powstrzymać się od myśli, że brakuje tu ważnego punktu odniesienia. W tradycji chrześcijańskiej uczymy się oceniać nasze postępowanie nie tylko w perspektywie przyszłości, lecz także życia wiecznego. By zyskać prawdziwą mądrość, musimy wiedzieć, co jest wartościowe z Bożej perspektywy. W prawdziwie odmieniających życie *Ćwiczeniach duchownych* Ignacy Loyola pisze o medytacji nad śmiercią. Medytacja ta nie ma nic wspólnego z ponurą średniowieczną obsesją na punkcie czaszek i kościotrupów. Odzwierciedla raczej bardzo mądrą zasadę: powinniśmy próbować oceniać nasze teraźniejsze zachowania w kontekście tego, co okaże się wartościowe na łożu śmierci. To korzystne dla zdrowia ducha – jak stwierdza Loyola – by nasze życie wydało nam się dobre przed śmiercią, kiedy spojrzymy na nie z Bożej perspektywy. Co będziemy wtedy cenić? Czego będziemy żałować? Co wyda nam się najcenniejsze, a co będziemy postrzegać jako godną pożałowania stratę czasu i talentów?

Perspektywa wieczności nadaje zupełnie nowy obrót metodzie Welch. Zamiast rozważać obecne wybory według tego, co będzie dla nas ważne w perspektywie minut, miesięcy czy lat, może pomyślelibyśmy o nich w perspektywie końca naszego krótkiego żywota? Co okazałoby się dla nas lepsze w tej chwili: to, że udało nam się udoskonalić zamach kijem golfowym czy wyćwiczenie się w pokorze i cierpliwości? Co wyda się ważniejsze: zarobienie miliona dolarów czy miłość do Boga oraz służba braciom i siostrom? Co będziemy cenić bardziej: Eucharystię czy dodatkowe godziny snu?

Wielki mistyk średniowieczny Thomas à Kempis udziela rady podobnej do tej Ignacjańskiej. Odwołuje się przy tym do nauczania Jezusa. W klasyku duchowości *O naśladowaniu Chrystusa* udziela czytelnikom następującej mądrej porady:

> W każdej chwili, w każdym kroku i w myśli wyobrażaj sobie, że już dziś umrzesz. Gdybyś miał czyste sumienie, nie bałbyś się tak bardzo śmierci. Lepiej unikać grzechu, niż uciekać od śmierci. Dziś jeszcze nie jesteś gotowy, a co będzie jutro? Jutro niepewne, skąd wiesz, czy będziesz miał jakieś jutro?[53]

Jezus zadaje najważniejsze pytanie ze wszystkich określających prawdziwą wartość rzeczy: „Bo cóż pomoże człowiekowi, że cały świat zdobędzie, jeśli życie utraci? Albo czegóż by człowiek nie oddał za swoje życie?" (Mt 16,26). Jeśli strategia 10–10–10 miałaby działać tylko dla tego życia, a nie dla życia wiecznego, nadal brak nam tego, co najważniejsze. Nieważne, jak dobre czy roztropne wydadzą się nasze wybory; musimy oceniać je w naszej prawdziwej, ostatecznej perspektywie – w perspektywie wieczności.

Jest taka cudowna polifoniczna pieśń wielkosobotnia, którą śpiewałem – kiepsko mi to wychodziło – jeszcze w seminarium. To *Judas Mercator Pessimus* Thomása Luísa de Victorii (tytuł ten tłumaczy się jako *Judasz kupczący nieprawością*). Opowiada ona w głęboki i poważny sposób o Judaszu jako najgorszym kupcu, który sprzedał coś, co najcenniejsze (Jezusa!) za trzydzieści srebrników. Chciał wydać Twórcę Życia w zamian za chwilowy zysk, podobnie jak Ezaw sprzedał swoje pierworództwo bratu za miskę soczewicy.

W trakcie studiów przez jakiś czas zmagałem się z wątpliwościami, czy powinienem dalej kroczyć drogą kapłaństwa i pełnowymiarowej służby w Kościele. Najintensywniejszy okres zwątpienia trwał około pół roku i w owym czasie nie doświadczałem prawie żadnych pozytywnych uczuć duchowych. Nie chciałem się modlić. Nie czułem się pobożny, uduchowiony ani nic z tych rzeczy. Z pewnością nie odczuwałem pragnienia, aby zostać księdzem. U zenitu moich negatywnych odczuć i wątpliwości wszedłem do kościoła w Bridgeport w stanie Connecticut, w którym nigdy wcześniej nie byłem. Jak się okazało, tamtejszy kapłan był akurat w konfesjonale i nikt nie czekał w kolejce. Podszedłem, by się wyspowiadać, i opowiedziałem mu, przez co przechodzę. Kapłan był tak sędziwy, że nie wiedziałem, czy w ogóle mnie słyszy. Nie udzielił mi żadnej duchowej porady na temat grzechów, jakie wyznałem, ale i tak wywrócił moje życie do góry nogami. „Młody człowieku, zapamiętaj sobie, że diabeł chce, byś był dobrym człowiekiem, i tylko dobrym człowiekiem". To było jak nóż wbity w serce – wiedziałem, że doświadczam pokusy letniości. Byłem załamany, ponieważ walczyłem z pokusą, by prowadzić życie po swojemu, zamiast żyć Bożym darem życia według Jego woli... ze spojrzeniem utkwionym w wieczności.

Jezus często zalecał uczniom, by byli „przygotowani" – nie jak harcerze na niespodziewaną noc spędzoną w lesie, ale gotowi w ułamku chwili na spotkanie ze Stwórcą i zdanie przed

Nim relacji ze swojego życia. Jezus ostrzega nas, że dzień ten może przyjść „tak jak złodziej w nocy" (1 Tes 5,2). Przypomina, że nikt nie wie „o tym dniu i godzinie" (Mt 24,36).

To wezwanie do bycia przygotowanym nie powinno przemieniać nas w pozbawionych radości, znudzonych ramoli, lecz w prawdziwych chrześcijan. Każde dobro ma swoje miejsce, ale nie wszystkie dobre rzeczy są równie ważne. Kiedy spojrzymy na różne sprawy z perspektywy wieczności, przede wszystkim zapragniemy ujrzeć piękne życie – dobrze przeżyte, ukształtowane przez decyzje podjęte w świetle wieczności! Po raz drugi posłużę się słowami Thomasa à Kempis: „Jakże szczęśliwy i mądry jest ten, kto już teraz stara się być takim, jakim chciałby być w obliczu śmierci!"[54].

Chrystus raz po raz podkreśla w przypowieściach względną wartość dóbr doczesnych w porównaniu z wiecznymi. Zachęca uczniów, by zwracali oczy ku niebu, nie grzęźli w ulotnych przyjemnościach i bogactwach, jakie proponuje świat. Najprościej mówiąc, Jezus zestawia przemijalne dobra doczesne z trwałymi dobrami wiecznymi:

> [...] Nie troszczcie się zbytnio o swoje życie, co będziecie jedli, ani o ciało, czym je okryjecie, bo życie ważniejsze jest od jedzenia, a ciało od ubrania. Przypatrzcie się krukom! Nie sieją i nie zbierają, nie mają spiżarni ani spichlerzy, a Bóg je żywi. O ileż więcej wy jesteście warci od ptaków!
> Nie zabiegajcie zatem o to, co będziecie jedli i co będziecie pili, i nie przejmujcie się tym. O to wszystko bowiem zabiegają poganie na świecie. Ojciec wasz wie, że tego potrzebujecie. Zabiegajcie raczej o Jego królestwo, a te rzeczy będą wam przydane.
> (Łk 12,22–24; 29–31)

Święty Paweł także wzywa pierwszych chrześcijan do zachowania tej skali wartości, by stali się „nowymi ludźmi", z nowym systemem wartości. Wartości te powinny odróżniać chrześcijanina od niewierzącego. Paweł pisze: „Jeśli razem z Chrystusem powstaliście z martwych, szukajcie tego, co w górze, gdzie jest Chrystus siedzący po prawicy Boga. Zdążajcie do tego, co w górze, a nie do tego, co na ziemi" (Kol 3,1–2).

Kiedy rozpatrujemy prawdziwą wagę rzeczy, chrześcijańska mądrość szuka tego, co trwałe. Tak jak byłoby głupotą z naszej strony wydać tyle samo na parę butów, która wysłuży się po dwóch tygodniach, ile na buty do noszenia przez dziesięć lat, byłoby niemądre poszukiwać dóbr nietrwałych z tą samą gorliwością co trwałych. Pewne rzeczy wystarczą na długą podróż. Inne wytrzymają znacznie krócej.

Wszyscy słyszeliśmy kiedyś zdanie: „Nie weźmiesz tego ze sobą do grobu". Wszystko, co mamy, po naszej śmierci zostanie tutaj. Inni się tym podzielą lub to wyrzucą. Ale jest coś, co możemy zabrać ze sobą – to, co trwać będzie całą wieczność. Święty Paweł pisze: „[...] wpatrujemy się nie w to, co widzialne, lecz w to, co niewidzialne. To, co widzialne, trwa tylko do czasu, a to, co niewidzialne, trwa wiecznie" (2 Kor 4,18). Wiąże widzialne z tym światem, a niewidzialne z wiecznością. Poleca, byśmy włożyli serca w to, co trwałe.

Nie oznacza to, że chrześcijanie mają odrzucać sprawy tego świata. Rzeczy materialne nie są złe. Bóg stworzył świat i to, co na nim jest, wszystko to zatem jawi się jako z natury dobre. Byłoby niemądre – i raczej nudno – pogardzać wspaniałymi rzeczami jako złymi. Wynika z tego, że jesteśmy zobowiązani do opieki nad dobrymi rzeczami. Nasze zdrowie, środowisko, majątek – odpowiedzialne zarządzanie nimi to element bycia dobrym chrześcijaninem. Przecież Jezus mówi, że w dniu sądu ostatecznego będziemy zdawać sprawę z pewnych materialnych rzeczy: czy nakarmiliśmy głodnych, odzialiśmy nagich, odwiedziliśmy chorych... A nie tylko z tego, czy dobrze się modliliśmy. Hierarchia jednak pozostaje. Duchowe sprawy są niezniszczalne, związane z wiecznością, podczas gdy rzeczy materialne nieuchronnie przemijają. Przykładamy wagę do naszego wyglądu, konta bankowego i wakacji, ale musimy pamiętać, że to wszystko przecieka nam przez palce i nie będzie trwać wiecznie. Jak mówił Jezus, nie gromadźmy sobie skarbu na ziemi, bo najcenniejszy jest inny skarb – ten w niebie (Mt 6,19–20). Młodość i piękno to świetne przykłady. Bez względu na to, jak ciężko będziemy ćwiczyć na siłowni i ile makijażu nałożymy na twarz, nasza młodość przemija i nie jesteśmy w stanie tego procesu odwrócić. Często uderza mnie widok ludzi na ulicach Manhattanu, którzy popadają w skrajności, usiłując zapobiec nieuchronnej starości. Zamiast kurczowo trzymać się młodości, mądrzy ludzie spokojnie pozwalają jej odejść i przyjmują każdy etap w życiu jako ten najlepszy.

Chrześcijanin jest wezwany do spoglądania na świat inaczej niż osoba niewierząca. Dla niewierzącego to życie jest jedynym, jakie mamy. Chrześcijanin uważa, że jeszcze nie dotarliśmy do Domu. Jesteśmy pielgrzymami przemierzającymi obcą krainę. Nasza prawdziwa ojczyzna leży poza tym życiem. Większość chrześcijan w to wierzy, ale rzadko tym żyje. Jakże inne byłoby życie, gdybyśmy zawsze mieli to w pamięci i wedle tego żyli!

Jezus był radykalny w swoim nauczaniu. Podważał status quo i światopogląd różnych ludzi. Szczególnie wyraźnie działo się to, kiedy oceniał, co jest ważne, a co nie. Przykładowo, gdy uboga wdowa wrzuca dwa pieniążki do skarbony przed świątynią, Chrystus zapewnia słuchaczy, że jej dar jest wart więcej niż największe datki bogaczy. „Bo wszyscy wrzucili z tego, co im zbywało, a ona przy swoim ubóstwie wrzuciła wszystko, co miała na życie" (Mk 12,44). Z perspektywy czysto racjonalnej to absurd. Dwa pieniążki nigdy nie będą warte więcej od ogromnych danin. Ale Jezus mówi nam, jak to wygląda w oczach Boga.

Z drugiej strony, Jezus karci faryzeuszy za wywracanie systemu wartości do góry nogami. Dbają oni o czystość zewnętrznej strony kielicha i misy, a pomijają ważniejsze aspekty prawa: „sprawiedliwość i miłość Bożą" (Łk 11,39–42). Chrystus mówi nam, że to, co dzieje się w naszych sercach, liczy się bardziej niż to, co zewnętrzne. Cenniejsze jest ćwiczenie się w cnotach miłosierdzia i sprawiedliwości niż dokładne mycie rąk przed jedzeniem.

Jak się przekonaliśmy, spytany, które prawa są ważniejsze, Jezus nie waha się podkreślić miłości do Boga i bliźniego jako sumy i istoty prawa, o wiele ważniejszej niż ofiary całopalne. Gdy uczniowie wdają się w spór o to, który spośród nich jest ważniejszy, Jezus powstrzymuje ich, przyprowadza małe dziecko i ogłasza, że to ono jest najważniejsze. To, czym pogardza świat, dla Boga często ma wielką wartość.

Wszystko to mówi nam o tym, że chrześcijaństwo proponuje nową wizję ludzkiej egzystencji, sposób postrzegania i oceny wszystkich wydarzeń i aspektów ludzkiego życia. Wizja ta ma u podstaw prawdę o człowieku, jego przeznaczeniu, relacjach z Bogiem i światem.

Chrześcijańska mądrość nie pogardza Bożym stworzeniem czy życiem ziemskim, ale nie każe też oceniać stanu rzeczy z ich perspektywy. Tu właśnie zaczyna się mądrość, by odróżniać jedno od drugiego – od pamięci o wieczności przy podejmowaniu decyzji.

...

Panie, wiem, że nie dotarłem jeszcze do Domu. Darowałeś mi to życie jako przedsmak życia przyszłego. Wiesz jednak, że często doświadczam rozproszeń. Żyję, jakby liczyło się tylko tu i teraz. Użycz mi, Panie, mądrości, bym odróżniał to, o co powinienem zabiegać, od tego, co powinienem odpuścić, a wszystko to w dążeniu do tego, co trwałe.

Rozdział 40

Wola Boża czy moja?

Istnieje zarówno wiele dobrych, jak i złych powodów tego, co robimy. Pamiętam ciekawy moduł na psychologii w college'u, który nazywał się „Zachowanie człowieka w organizacji". Omawialiśmy tam motywy, jakimi kierują się ludzie przy podejmowaniu decyzji. Pieniądze, sława, przyjemność, filantropia i bezlik innych korzyści mogą motywować do działania. Niektóre z tych motywacji są racjonalne, inne emocjonalne, ale w większości mają one oba te aspekty po trosze. Typowo chrześcijańska mądrość stawia Bożą wolę ponad nimi wszystkimi. Jeśli poczyniliśmy to podstawowe zobowiązanie, by wieść nasze życie doczesne jako przygotowanie do nieba, wtedy nic nie powinno przebijać tego, czego według nas oczekuje Bóg, by się tam dostać – innymi słowy: woli Bożej.

Jest tak z kilku powodów. Po pierwsze, ponieważ to z Bożej woli wszystko się stało, On zna plan lepiej niż ktokolwiek inny. Rozumie, jak działają różne rzeczy, jak powinno się je łączyć i jak posługiwać się wolną wolą. Kiedy szukamy Jego mądrości, gdy staramy się dopasować nasze decyzje do Jego woli, wtedy sami stajemy się mądrzy.

Być może jednak ważniejsze jest, że wola Boża kreśli mapę ludzkiego szczęścia. Kluczową zasadę wiary chrześcijańskiej stanowi to, że Bóg jest miłością, a zatem wszystko, czego pragnie, to wyraz tejże miłości. Bóg chce dla nas tylko dobrych rzeczy – a właściwie najlepszych. To mądre podążać za wolą Tego, któremu zależy tylko na dobru i który wie, gdzie go szukać. Bez wątpienia właśnie tą zasadą kierował się (i nauczał jej) Jezus. Stwierdził On, że wypełnianie woli Ojca to Jego „pokarm" (J 4,34). Zasadę tę polecał stosować również swoim uczniom, ponieważ „[...] kto wypełnia wolę mego Ojca, który jest w niebie, ten jest moim bratem i siostrą, i matką" (Mt 12,50).

Nie zawsze łatwo jest rozeznać, czego pragnie od nas Bóg. Jasne, wiemy nieco na temat tego, czego nie chce (na myśl przychodzi dobrze znana lista postępków takich jak kradzież, morderstwo czy kłamstwo), ale ta druga strona może wydawać się bardziej mglista. Co jakiś czas postacie biblijne doświadczają wizyt aniołów lub otrzymują przekaz we śnie, lecz Bóg nie wydaje się komunikować z ludźmi w ten sposób zbyt często. Przeważnie musimy podejmować najlepsze decyzje, jakie potrafimy, poprzez rozważanie, modlitwę, poradę i ufność, że Bóg pobłogosławi nasze wysiłki w rozpoznaniu i spełnianiu Jego woli.

Nie oznacza to jednak, że poruszamy się po omacku. Mamy przecież całkiem spore pojęcie o tym, jakimi ludźmi chce nas widzieć Bóg, a to niezły początek. Wspaniałomyślna, przebaczająca, pomocna, wierna, prostoduszna osoba wie, jak zachować się w każdej sytuacji. Jeśli nie jest to wola Boża, to nie wiem, co nią jest! Jeżeli Bóg ma dla nas specjalny przekaz poza zwyczajnym tokiem wydarzeń, a my jesteśmy ludźmi modlitwy, On z pewnością znajdzie sposób, by dać nam znać, czego od nas pragnie!

Najważniejsze jest to, by poczynić wobec Boga podstawowe zobowiązanie: „Panie, chcę wypełniać Twoją wolę". Samo gruntowne postanowienie, by zaufać Bogu, bardzo Go cieszy.

Osoba, która szczerze dąży do wypełniania Bożej woli ponad wszystkim, odkryła już najgłębszy wymiar mądrości.

Myślę, że jedną z wielkich niespodzianek, jakie czekają nas w wieczności, będzie przekonanie się, kto w największym wymiarze wygrał, a kto przegrał życie. To, co osądzamy z perspektywy ziemskiej, z pewnością będzie wyglądało inaczej, kiedy staniemy przed Bogiem. Zawsze uderza mnie przypowieść Jezusa o bogaczu i Łazarzu. Bogacz mieszka w rezydencji, świetnie się ubiera i wyprawia wystawne uczty. Łazarz to żebrak o skórze pokrytej wrzodami, który siedzi przed bramą jego pałacu. Bogacz z pewnością jest na ustach wszystkich i gości na najlepszych przyjęciach. Wszyscy go znają i chcą się z nim zaprzyjaźnić. A jednak dziś znamy go jedynie jako „bogacza". Łazarza ówcześni ludzie unikali. Był skończonym „nieudacznikiem", musiał żywić się ochłapami jedzenia wyżebranymi od innych. Mimo to Łazarza znamy z imienia i, jak powiedział nam Jezus, został on zaniesiony na łono Abrahama.

Na czym polegała główna różnica między tymi dwoma mężczyznami? Z pewnością nie na tym, że jeden był bogaty, a drugi biedny. Chodziło raczej o to, że jeden z nich żył dla siebie i dążył do wypełnienia własnej woli, podczas gdy drugi szukał oblicza Boga, nawet pośród niedoli. Jeden był głupi, a drugi mądry.

Na drodze ku mądrości czasami wystarczy zmienić schemat myślenia. Zamiast wypełniać swoją wolę – to, co sami chcemy zrobić – możemy postanowić dążyć do woli Bożej. Z czasem odmieni to nasze rozumienie pojęcia sukcesu. Podczas gdy wcześniej zniechęcały nas drobne rzeczy, po tej zmianie będziemy pamiętać, że tak naprawdę liczy się ostateczne zwycięstwo. A nie będzie to zwycięstwo w wymiarze ekonomicznym, społecznym ani politycznym. Będzie to zwycięstwo duchowe!

Bez względu na to, co nam się przydarzy, co uczynią nam inni ludzie, bez względu na nasz stan zdrowia i majątku, naszemu prawdziwemu sukcesowi nic nie zagraża. Naszym celem jest przebywanie z Bogiem!

Temat ten został poruszony także w innym tekście, który czytałem w college'u, zatytułowanym *O pocieszeniu, jakie daje filozofia*, spisanym przez Boecjusza. Jedną z jego głównych tez jest to, że nic, co przemija, nie może stanowić naszego prawdziwego dobra. To, co doczesne, przemija, a to, co wieczne, trwa na zawsze. Czym w oczach Boga są „dobre wieści" i „złe wieści"? Czy istnieje jakiekolwiek dobro – poza samym Bogiem – które nie może nam zaszkodzić? Czy jest jakieś „zło", z którego Bóg nie może wyprowadzić dobra? Jakże często przypominają mi się słowa pociechy Świętego Pawła: „Wiemy, że wszystko współpracuje w pomnażaniu dobra z tymi, którzy miłują Boga [...]" (Rz 8,28).

Jest taka chińska przypowieść, która bardzo dobrze to podsumowuje. Sędziwy wieśniak pracował w gospodarstwie przez wiele lat. Pewnego dnia jego koń ucieka. Usłyszawszy wieści, sąsiedzi odwiedzają wieśniaka.

– Co za pech! – mówią ze współczuciem.
– Kto to wie? – odpowiada wieśniak.

Nazajutrz rano koń wraca, a wraz z nim trzy dzikie konie.
– Cudownie! – zachwycają się sąsiedzi.
– Kto to wie? – odpowiada starzec.

Następnego dnia syn rolnika próbuje ujeździć dzikiego konia, spada i łamie nogę. Sąsiedzi znów przychodzą z wizytą i współczują starcowi z powodu jego nieszczęścia.

– Kto to wie? – odpowiada ten.

Kolejnego dnia do wioski przybywają wojskowi, by powołać mężczyzn do armii. Kiedy widzą, że syn chłopa ma złamaną nogę, omijają go. Sąsiedzi gratulują wieśniakowi pomyślnego obrotu spraw.

– Kto to wie? – mówi znów wieśniak.

W każdym doświadczeniu naszego życia, dobrym czy złym, pobrzmiewają niepewność i przypadkowość. Każda z radości jest krucha niczym kryształowa figurka, która może się zbić w ułamku sekundy. Przyjdzie jednak godzina, gdy zstąpią na nas ostateczne szczęście i pomyślność, której nikt nam nie odbierze, nieskalana żadnym niepowodzeniem. Będzie to dzień, w którym z ust naszego Pana usłyszymy błogosławieństwo: „Świetna robota, dobry i wierny sługo. Przyjdź i dołącz do szczęścia swojego Mistrza". W tej chwili lęk, który towarzyszy niepewności, skończy się na zawsze. Przypadkowość zostanie zastąpiona trwałością. Na tym polega prawdziwa mądrość. Świat, który znamy, przemija. Zarówno rozkosz, jak i cierpienie odejdą w niepamięć, nie pozostawią po sobie śladu w naszych duszach. Świadomość i życie w zgodzie z tym, że tak naprawdę liczy się ostateczne zwycięstwo, to mądrość – prawda Ewangelii.

…

Panie, jest tyle rzeczy, które świecą się i lśnią! Niektóre są dla mnie dobre, inne nie. Ale w głębi serca wiem, że Ty jesteś jedynym, który zaspokaja moje największe pragnienia, to, co sprawia, że odżywam. Użycz mi dziś siły, bym szukał przede wszystkim Twojej woli. Uczynię to z miłości do Ciebie.

Rozdział 41

Osoby ponad rzeczami

Ostatnim aspektem chrześcijańskiej mądrości jest prymat osób nad rzeczami. Jezus zapewnia nas, że Ojciec policzył każdy włos na naszej głowie i tak samo jest ważny dla Niego każdy z nas (Łk 12,7). I choć Bóg nie zapomina o jednym wróblu, my jesteśmy warci o wiele więcej niż wiele wróbli, jak mówi Jezus. Przedmiotów się używa, ludzi się kocha. Każda osoba ma dla Boga nieskończoną wartość, taką, że Dobry Pasterz zostawia dziewięćdziesiąt dziewięć owiec i idzie szukać zagubionej (Łk 15,4).

W oczach Boga nikt nie jest po prostu „kolejnym numerem". Nikt nie jest zbędny. Nikt nie wyślizgnie się przez szczelinę. On dogląda i kocha każdego z nas w wyjątkowy, doskonały sposób. Kiedy byłem mały, mówiono mi, że nawet gdybym okazał się jedynym człowiekiem na ziemi, Jezus umarłby za mnie na krzyżu. Ta myśl naprawdę mnie zdumiała. Jezus nie umarł za „ludzkość" – On umarł za mnie! To musiał mieć na myśli Święty Paweł, kiedy pisał: „[…] żyję w wierze Syna Bożego, który mnie umiłował i ofiarował się za mnie" (Gal 2,20). Paweł posługuje się pierwszą osobą liczby pojedynczej: „za mnie". To niesamowite, że Bóg kocha każdego z nas wyjątkowo.

Nie ma nic potężniejszego i bardziej odmieniającego życie niż przekonanie o radykalnej Bożej miłości do każdego z nas jako do Jego dzieci. Ta świadomość całkowicie nas odmienia.

Jeśli Bóg kocha nas tak całkowicie, nie możemy nic na to poradzić – tylko starać się kochać Jego i innych w ten sam wyjątkowy sposób. Jak moglibyśmy spojrzeć na drugiego człowieka z pogardą, skoro Chrystus kocha go tak bardzo, że umarł za niego na krzyżu? Jak możemy odrzucać tych, których Chrystus kocha? W ten sposób łatwo dostrzec, że chrześcijanin jest wezwany do niepomijania nikogo. Mamy kochać wszystkich, bez wyjątku.

Choć Chrystus przyszedł do chorych, grzesznych, słabych, do nas wszystkich, chrześcijaństwo nie jest dla ludzi słabego serca. Największe przykazanie miłości może być najtrudniejszym zadaniem do wykonania. Niekiedy kochanie przychodzi naturalnie – i wtedy jest łatwo. Ale to wyjątkowa sytuacja. Przez większość czasu miłość wymaga odwagi, poświęcenia i cierpliwości. Naprawdę potrzebujemy serca podobnego do Chrystusowego, by kochać innych tak, jak On od nas tego wymaga. Jakże piękne, ale i trudne jest wybaczenie naszym winowajcom i darzenie miłością nawet nieprzyjaciół! Jeśli ktoś umyślnie nas zranił i nawet nie czuje skruchy, ogromnej odwagi wymaga pokochanie go tak, jak uczynił to Jezus: „[…] Ojcze, przebacz im, bo nie wiedzą, co czynią […]" (Łk 23,34). Naśladowanie Jezusa zawsze jest mądre.

Praktykowanie chrześcijańskiej mądrości oznacza dokładanie starań, by zawsze żyć dla innych. Oznacza to stawianie ludzi na pierwszym miejscu. To dla mnie prawdziwe wyzwanie. Dzień zaczynam od sporządzenia listy rzeczy do zrobienia. Jestem typem „zadaniowca" i nieświadomie za dobre uznaję dni, w których odhaczyłem wszystkie punkty na liście. Ale ludzie nie są policzalnym zadaniem. Nie możemy stawiać haczyków przy ich nazwiskach, jak gdyby stanowili elementy projektu.

Oni są zawsze, nie jako rzeczy do wykonania, lecz raczej jako bliźni, których mamy kochać.

Przypowieść o miłosiernym Samarytaninie zawsze daje mi do myślenia, zwłaszcza gdy czytam ją wiernym na głos. Pewnie pamiętasz, że pierwszy człowiek, który minął potrzebującego, był kapłanem! Spieszył się, pewnie na spotkanie lub by udzielać nauk. Był ważniakiem, któremu nie można przeszkadzać. Minął więc biedaka, którego pobito i obrabowano. Kapłan dokonał złego wyboru. Nie postawił ludzi na pierwszym miejscu – ważniejsze były „rzeczy": czas, grafik, zadania do wykonania. Jezus mówi nam, że nie był on bliźnim dla pobitego człowieka. Kapłan nie był mądry.

Chrześcijańska mądrość podpowiada nam, że nie ma nic ważniejszego od drugiej osoby. Nieważne, kim ona jest – dzieckiem, ubogim, analfabetą, brudasem czy nieprzyjemnym lub aroganckim człowiekiem. To nie ma znaczenia. Osoba ta jest ważna dla Boga i powinna być ważna też dla nas.

Wcielenia Jezusa jako Słowa między nami czyni mądrość niezmiernie przydatną nam, chrześcijanom. Ujrzeliśmy, usłyszeliśmy i niemal dotknęliśmy Jezusa w Ewangelii, dlatego nie potrzebujemy proroków, królów ani aniołów, którzy objaśniliby nam Bożą wolę. Nie trzeba nam mędrców, którzy rozszyfrowywaliby dla nas znaczenie konstelacji gwiezdnych lub przewidywali przyszłość. Często możemy po prostu zadać sobie pytania: czego oczekiwałby ode mnie Jezus z Nazaretu?, czy to jest ten moment, w którym powinienem przestać upierać się przy sprawiedliwym traktowaniu?, co zrobiłby Jezus?, czy powinienem przymknąć oko na coś, co przeszkadza mi w drugiej osobie – szwagierce, teściowej, współpracowniku – a może powinienem się jej przeciwstawić? Pytamy, co zrobiłby Jezus. Kiedy jesteśmy niepewni lub zdezorientowani, możemy odwołać się do żywotów heroicznych chrześcijan, którzy odeszli przed nami i są dla nas niczym latarnie prowadzące do Ojca, źródła wszelkiej mądrości. Chrześcijańska mądrość zasadza się na tej samej prawdzie, co mądrość wrodzona, ale to dzięki niej staje się jasne, jak odróżnić sytuację wymagającą „odpuszczenia i dopuszczenia Boga" od tej, w której powinniśmy zadziałać z odwagą.

...

Ojcze Niebieski, Ty wiesz, że chcę postępować słusznie. Wiesz, że chcę kochać tak, jak Ty kochasz, i służyć tak, jak Ty służysz. Wiesz także, że są w moim życiu ludzie, których trudno mi kochać. Proszę Cię, byś obdarzył mnie sercem podobnym do Twojego, bym począwszy od dziś, stawiał wszystkich ludzi ponad wszystkimi rzeczami, szczególnie nad tymi, które stanowią przeszkodę w kochaniu bliźnich tak, jak Ty kochasz mnie.

Podsumowanie

– Raz na jakiś czas.
– Dziś jestem trzeźwy.
– Minęło osiem i pół roku, od kiedy ostatnio piłem.

Jestem pewien, że słyszałeś takie lub podobne słowa od zdrowiejących uzależnionych. Wiedzą oni, że jeden zły wybór dzieli ich od powrotu do życia w chaosie i niedoli. Każdy dzień jest podróżą. Oni nigdy nie ogłaszają ostatecznego zwycięstwa.

Czy zmagamy się z uzależnieniem, czy też nie, niechęć do ogłaszania ostatecznego zwycięstwa na naszej duchowej drodze jest bardzo zdrowa. Droga pogody ducha nie stanowi statycznego wzoru, który, raz pojęty, będzie lekiem na całe zło. Choć dotarliśmy już do końca tej książki, to dopiero początek. Zlokalizowaliśmy właściwą drogę i zaczęliśmy z wolna poruszać się we właściwym kierunku. Staraliśmy się, z rozmaitymi skutkami, odpuścić sobie rzeczy, których nie możemy zmienić, podjąć się tego, co wcześniej stanowiło dla nas zbyt wiele. Każda z tych prób jest ważna, ale, całe szczęście, wzrastania w życiu duchowym nie określa powodzenie wszystkich prób. Określa je raczej Boża łaska, której On udziela nam, kiedykolwiek i jakkolwiek zechce. Innymi słowy: nawet jeśli nie odczuwamy postępu z szybkością, której byśmy oczekiwali, nie musimy się lękać ani tracić ducha. Bóg prosi nas tylko o pójście do przodu. Podróż ta trwa całe życie i jest zaopatrzona w znaki drogowe, zaprojektowane i umieszczone przez Boga, odpowiadające zakrętom, wybojom i koleinom, które Bóg dopuszcza na naszej drodze. Mamy teraz kontekst, a dzięki wzbudzonej na nowo determinacji, by wypełniać Bożą wolę, na widok tych znaków będziemy wiedzieli, że są tam one dla naszego dobra. Bóg jest z nami, a Jego działania i ich czas są dopasowane do nas.

To mocne postanowienie, by iść do przodu, bez wiedzy, jak Bóg doprowadzi nas do miejsca wewnętrznego pokoju, pogody ducha i odwagi, których poszukujemy, ma najwyższy sens, ponieważ wierzymy w niebo i w to, że Bóg nas tam poprowadzi!

Nie mam pojęcia, jak będzie wyglądać niebo. Mam jednak bardzo silne przeczucie, że znajdują się tam najlepsze wersje rzeczy i ludzi, których kochaliśmy na ziemi. Nie jest to bezpodstawne wyobrażenie. Historia zbawienia, jak czytamy w Biblii i przekonujemy się we własnym życiu, to historia Boga cierpliwie – tak bardzo cierpliwie! – objawiającego nam siebie i zachęcającego nas do wejścia z Nim w relację miłości, byśmy mogli z wiarą wybrać życie wieczne z Nim. Tło dla tej historii miłosnej stanowi nasz kontakt z Jego stworzeniem. Piękno przyrody, głębokie więzi z dobrymi ludźmi, rozwój ludzkich osiągnięć i, ośmielę się dodać, dobre jedzenie, dobra sztuka, dobra muzyka, dobra zabawa... to wszystko elementy Boskiego stworzenia, a jeśli posłużymy się nimi właściwie, pokierują nas one do Niego jako źródła wszelkiej dobroci i prawdy. To, że Bóg przyjął postać swojego stworzenia poprzez wcielenie Jezusa Chrystusa, stanowi ostateczny dowód na to, że stworzenie jest bardzo, bardzo dobre.

Skoro Boże stworzenie jest dobre, czy nie sądzisz, że to mało prawdopodobne, by przeminęło całkowicie? Prawdą jest, że nowe niebo i nowa ziemia przepowiedziane w Apokalipsie Jana (21,1) będą bardzo się różnić od spękanej, pogruchotanej rzeczywistości, jaką znamy. Ale żeby w niebie nie było dobrego jedzenia? Serio?! Jak mówiłem, wydaje się sensowne – w kategoriach duchowych – że niebo będzie pełne najlepszych wersji naszych ulubionych rzeczy.

O wiele ważniejsze jest to, że jeśli odpowiemy twierdząco na pełne miłości wezwanie Boga do przebywania z Nim na zawsze, niebo będzie pełne najlepszych wersji nas i ludzi, których kochamy. Jeśli chcesz wzbudzić w sobie pragnienie nieba, przez chwilę wyobraź sobie, jak to będzie przebywać w towarzystwie ukochanych ludzi – nie takich, jakimi są teraz, ale w pełni takich, jakimi stworzył ich Bóg. Wyobraź sobie ich w doskonałym zdrowiu umysłu, ciała i duszy, w pełni zanurzonych w Bożej miłości i w idealnej harmonii ze wszystkimi. A teraz wyobraź sobie całą ludzką rodzinę żyjącą w Bożej obecności, wolną od zazdrości, gniewu, niepokoju, urazy czy lęku. To właśnie niebo!

Przywołuję kwestię nieba tutaj, w podsumowaniu, ponieważ właśnie tam prowadzi nas droga pogody ducha. A to dostanie się do nieba liczy się w życiu najbardziej. Jezus ostrzegał nas, że brama jest wąska, a droga trudna (Mt 7,14). Trudno dostać się do nieba, ponieważ łatwiej podążać za pierwotnymi instynktami i żyć dla siebie. Łatwiej niepokoić się o to, czego nie możemy zmienić, niż przyjąć to poprzez naukę ufności w Boże prowadzenie. Łatwiej pozwolić lękowi i lenistwu sparaliżować nas, niż odważnie zmieniać to, co możemy i powinniśmy. Łatwiej spełniać własne zachcianki, niż uczyć się mądrości, by szukać i wypełniać wolę Bożą.

Zróbmy to. Nie zatrzymujmy się. Zaufajmy drodze pogody ducha, którą wyznaczył dla nas Pan poprzez Ewangelię i swój żywot. „[…] Ja przyszedłem, aby [owce] miały życie, i to w całej pełni" (J 10,10).

Mam nadzieję, że książka ta stanowi dla ciebie bardzo niewielką część Bożego wielkiego planu, by obdarzyć cię wszystkim, czego potrzebujesz na drodze do nieba. Ufam też, że w trakcie jej lektury dobrze się bawiłeś. Mnie jej napisanie zapewniło obie te rzeczy.

Przypisy

1 Fulton J. Sheen, *Peace of Soul*, Garden City, NY 19, s 1. Tłumaczenie własne.
2 Oryg. *L'abandon à la providence divine* ('Porzucenie siebie dla Bożej opatrzności'). Brak wydania polskiego.
3 Karl Adam, *Christ Our Brother*, New York 1931. Tłumaczenie własne.
4 Tłumaczenie własne.
5 W języku polskim używa się również pojęć „uderzenie", „technika uderzenia", ale angielskie określenie ma źródło w czasowniku *to swing* – 'zamachnąć się', 'kołysać się' (przyp. tłum.).
6 Tłumaczenie własne.
7 Joseph Ratzinger, *Wprowadzenie w chrześcijaństwo* http://www.antoni.agmk.net/pliki/ratzinger-wprowadzenie-w-chrzescijanstwo.pdf (dostęp: 20.12.2016).
8 Jan Paweł II, *Pamięć i tożsamość*, pamiec-i-tozsamosc.klp.pl/a-8728.html (dostęp: 2.01.2017).
9 Święty Augustyn, *Podręcznik dla Wawrzyńca, czyli Wiara, nadzieja i miłość*, [w:] *Pisma katechetyczne*, tłum. ks. Władysław Budzik, Poznań 1929, s. 126.
10 Joseph Ratzinger, op. cit.
11 Tłumaczenie własne.
12 Tłumaczenie własne.
13 Święty Jan od Krzyża, *Droga na Górę Karmel*, rozdz. 11,4.
14 Nawiązanie do monologu Hamleta (tłum. Józef Paszkowski).
15 Święta Teresa z Ávili, *Księga Fundacji*, 5.8.
16 Święty Augustyn, komentarz do Psalmu 61, Liturgia Godzin, t. 2, Pallotinum 1984, s. 73.
17 Święty Augustyn, *Wyznania*, http://www.katedra.uksw.edu.pl/biblioteka/augustyn_wyznania.pdf. (dostęp: 2.01.2017).
18 Amerykańska firma ochroniarska.
19 Nie istnieje polski odpowiednik *associate degree*. Jest to stopień przyznawany przez college lub szkołę wyższą po ukończeniu dwuletniego kursu – wyższy niż matura, ale niższy od licencjatu.

20 Ang. 'Szczeniaki za kratkami' – program szkoleniowy dla więźniów. Skazani opiekują się szczeniętami mającymi w przyszłości na różne sposoby służyć ludziom.
21 Postać z angielskiego wiersza, upersonifikowane jajko.
22 Święta Teresa z Lisieux, *Dzieje duszy*, rozdział XI.
23 *Żółty zeszyt. Ostatnie rozmowy św. Teresy od Dzieciątka Jezus zebrane przez Matkę Agnieszkę od Jezusa*, tłum. Ewa Szwarcenberg-Czerny i Jan Dobraczyński, Warszawa 1977, s. 72.
24 Dawna nazwa skorpiona.
25 Święty Franciszek Salezy, *Filotea, czyli droga do życia pobożnego świętego Franciszka Salezego*, wydanie drugie, Poznań 1859, s. 42.
26 Choć Księga Judyty nie należy do oficjalnego kanonu w judaizmie, weszła w skład Septuaginty, a wielu żydowskich uczonych uznaje ją za wartościowy opis wydarzeń prowadzących do powstania Hanuki.
27 Hans Urs von Balthasar, *You Crown the Year with Your Goodness: Sermons Throughout the Liturgical Year*, San Francisco 1982, s. 9. Tłumaczenie własne (przyp. tłum.). Jeden z moich ulubionych teologów, Hans Urs von Balthasar, konsekwentnie zaprasza nas do życia w radości, ponieważ mamy wielki powód do nadziei – nieważne, w jakiej sytuacji się znajdujemy. Według niego, pośród lęku, jaki cechuje nasze czasy, mamy wiele powodów, by żyć w radości i okazywać ją innym, gdyż Chrystus już zwyciężył grzech i śmierć (przyp. aut.).
28 Frances Hodgson Burnett, *Kraina błękitnych kwiatów*, tłum. Ewa Łozińska-Małkiewicz, Toruń 1995.
29 W Polsce do tej pory nie wydano zbioru wszystkich opowiadań. Powstały jednak tłumaczenia poszczególnych utworów, które zamieszczono w kilku tomach (przyp. tłum.).
30 Święty Augustyn, *Wyznania*, Księga Ósma, rozdział 5, http://www.katedra.uksw.edu.pl/biblioteka/augustyn_wyznania.pdf (dostęp: 2.01.2017).
31 Jan Paweł II, Adhortacja apostolska *Reconciliatio et penitentia*, http://www.opoka.org.pl/biblioteka/W/WP/jan_pawel_ii/adhortacje/reconciliatio.html (dostęp: 2.01.2017).
32 Tłumaczenie własne. Por. John Henry Newman, *Meditations and Devotions of the Late Cardinal Newman*, New York 1903.
33 Jan Paweł II, Posynodalna adhortacja apostolska *Christifideles laici*, http://www.opoka.org.pl/biblioteka/W/WP/jan_pawel_ii/adhortacje/christifideles.html (dostęp: 2.01.2017).

34 Benedykt XVI, Encyklika *Deus caritas est*, http://w2.vatican.va/content/benedict-xvi/pl/encyclicals/documents/hf_ben-xvi_enc_20051225_deus-caritas-est.html (dostęp: 2.01.2017).
35 KKK 898, Sobór Watykański II, konst. *Lumen gentium*, 31.
36 Tłumaczenie pochodzi ze strony http://www.ceo.org.pl/pl/koss/online/1/martin-luther-king-i-have-dream. (dostęp?)
37 Jan Paweł II, Encyklika *Dives in misericordia*, http://www.opoka.org.pl/biblioteka/W/WP/jan_pawel_ii/encykliki/dives.html (dostęp: 2.01.2017).
38 Franciszek, *Serce wielkie i otwarte na Boga*, http://www.deon.pl/religia/serwis-papieski/wywiady-franciszek/art,1,serce-wielkie-i-otwarte-na-boga-calosc-wywiadu,strona,1.html (dostęp: 2.01.2017).
39 Eton College – angielska męska szkoła z internatem, w której uczył się książę.
40 Maksymilian Kolbe, *Stronger Than Hatred: A Collection of Spiritual Writings*, wyd. drugie, Hyde Park, NY 1988.
41 Z ang. 'Czas wolny. Podstawa kultury'. Brak wydania polskiego.
42 Jan Paweł II, *Przekroczyć próg nadziei*, http://www.rodalenet.com/rp_sw_papiez_jpII_przekroczyc_prog_nadziei.pdf (dostęp: 2.01.2017).
43 Święty Augustyn, *Wyznania*, Księga Pierwsza, 1.
44 http://brewiarz.pl/indeksy/pokaz.php3?id=6&nr=246 (dostęp: 2.01.2017). Autorstwo tej homilii przypisuje się Janowi Chryzostomowi lub któremuś z jego uczniów.
45 Niccolò Machiavelli, *Książę*.
46 Święty Augustyn, *De Gratia et Libero Arbitrio*, XVIII.
47 Księga Koheleta 3,1–8.
48 KKK 1806.
49 Victor E. Frankl, *Człowiek w poszukiwaniu sensu*, tłum. Aleksandra Wolnicka, Warszawa 2009, s. 196–197.
50 Ibidem, s. 157.
51 C.S. Lewis, *Christianity and Literature*, [w:] *Christian Reflections*, Grand Rapids 1967, s. 1–11.
52 Suzy Welch, *10–10–10: 10 minut, 10 miesięcy, 10 lat: Metoda, która odmieni wasze życie*, tłum. Anna Zdziemborska, Warszawa 2010.
53 Thomas à Kempis, *O naśladowaniu Chrystusa*, tłum. Anna Kamieńska, księga pierwsza, rozdz. XXIII, 1.
54 Ibidem, księga pierwsza, rozdz. XXIII, 4.

Tytuł oryginału: *The Way of Serenity*

Skład i łamanie: Stanisław Tuchołka / panbook.pl

Cytaty z Pisma Świętego za: Biblia Poznańska, Poznań 2010

© 2014 by Father Jonathan Morris
HarperCollins Publishers, 195 Broadway, New York, NY 10007
© for the Polish edition by Święty Wojciech Dom Medialny sp. z o.o., Poznań 2017
All rights reserved. Wszelkie prawa zastrzeżone. Licencjonowane dzieło opublikowane na mocy przyznanej licencji.

ISBN 978-83-8065-022-0

Wydawca:
Święty Wojciech Dom Medialny sp. z o.o.
Wydawnictwo
ul. Chartowo 5, 61–245 Poznań
tel. 61 659 37 13
wydawnictwo@swietywojciech.pl

Zamówienia:
Dział Sprzedaży i Logistyki
ul. Chartowo 5, 61-245 Poznań
tel. 61 659 37 57 (-58, -59), faks 61 659 37 51
sprzedaz@swietywojciech.pl • sklep@mojeksiazki.pl
www.swietywojciech.pl • www.mojeksiazki.pl

Druk i oprawa: BZGraf S.A.